身心覺察・自我療癒

轉化生命奇蹟卡

36個指引覺察、覺知、覺醒的靈性線索，

啟動身心靈蛻變的療癒能量，

讓你從裡到外轉化生命、見證奇蹟！

生命奇蹟指引手冊

趙采榛 —— 著

目錄

目錄

目錄

目錄

邀請你進入
療癒煉金般靈性覺醒之旅

澳洲花晶能量研發者
中華色彩能量花精研究協會榮譽理事長
／李蓉老師

許多人都有過占卜的經驗，不論是東方的易經、抽籤卜卦，到西方的生命數字、占星、塔羅、各類天使、神諭卡、脈輪卡……總是吸引著人們試圖透過這些神祕學一探自己生命的疑惑，或在其中找尋未知的答案。在這些信息呈現中，必然有著呼應個人現狀的共鳴，因為一切形式的存在都有著量子之間的纏結，意即都其來有自、有其源頭。東西方多元占卜解讀人生道路或藍圖，究竟有沒有可信度及價值呢？

就物理科學的理論而言，萬事萬物都是能量頻率的顯化，一切都在無量的「信息場」中凝聚消散，但同時能量既不會憑空產生，也不會憑空消失，只是以不同形式轉換，這就是能量守恆定律。每個個體、世界、宇宙……時刻都在細微變化振動著，透過心念意識也同步性的時刻投射、共振、吸引外在際遇。

內在心念想法與外在事件好似有意義的巧合出現，這正符合心理學家卡爾‧榮格的論述，他提及占卜是意識與潛意識之間的交流，求問者的心靈所想，往往會顯示在可見的解讀或現象中。從這個層面出發，各個系統的牌卡或星象、算命，能夠協助人們將心靈內未見的潛意識信息，提升到可感知的意識，做為自我了知與覺察的媒介。

但是，若以 抽牌卡及使用其它算命判讀的精準共鳴，讓內在產生一時的感動，就意味著跳脫生命迴路、化解了生命的考驗與阻礙、就此轉化蛻變命運的制約，這真是低估了潛意識及身心印記的龐大驅動力了！始終，我們的命運都是看不見的隱形動力，牽引著我們，影響著外在經驗的結果。直到我們願意往內「覺察」，抽絲剝繭的看見心靈創造，破除僵固的意識枷鎖，在周而復始的慣性中重新選擇。

要改變生命，需要了解潛意識

潛意識影響一個人這一生的思維、情緒、行為模式，同時以有形的結果呈現在健康、關係、金錢、機運的軌跡上，所謂的命運是外在際遇經驗的總和，不能改變的過去以及無法掌控的未來叫作命運。「潛意識」是命運的隱藏主導，意識心難以辨識不可見的潛意識，若要翻轉運勢，最核心的入口即是「身體」，因為身體就是潛意識心的記錄儲存庫，透過化解身體印記（凍結、未解的能量氣脈，其中含藏著過去的時空、事件、壓抑的情緒、感受與覺知），頭腦已經遺忘未察的過往負荷，因著覺察覺知而鬆解掉隱形能量所閉鎖的制約牢籠。

身體有著天生「戰與逃」的生存本能，不假思索的逃避、否認、壓抑、投射是與生俱來的，是頭腦熟悉的習性，覺察卻是另一條反向選擇，它需要敢開面對頭腦試圖掩蓋的威脅，這是一條內在的英雄之旅、挑戰之路，但其遮蔽的背後卻蘊藏著自由、喜悅、豐盛、擴展的寶藏。

看不見真相，往往是人們轉化時受困的卡點，個人的意識及主觀認知就像堆疊的堅固硬殼，包裹住心靈無限美好的本質。奇蹟卡提供了解讀、破冰、引領與覺察的一致性整合路徑，因著每個人的願心與生命動能，可以依循成為自己命運轉換的療癒源頭。

奇蹟卡是我們與心靈潛意識的溝通橋樑

20 幾年前，我因著心念的呼求，遇見了觸動一生的澳洲花晶。當時在台灣的身心靈領域才開始崛起萌芽，人們對能量療癒的各路學習還相當模糊，我也在貧瘠有限的資源中極力探尋摸索。這一路最大的收穫，是在大量的自我學習後，結合澳洲花晶能量療癒的臨床實驗與教學驗證，以引導個案的方式給出，擴大到帶領學員們的集體轉化，使我見證生命擴展的過程可以如此通透又快速，就如量子之光般緊密連結並光速穿透。

在所有療癒中必不可免的是自我覺察。而身心靈的入口是身體，在以身入心的覺察之路上，采榛老師無疑是我所認識的佼佼者。她一路走來奇蹟驚人的轉化歷程，是她臣服於身體生命、一心修煉自我覺察的最佳證明。她從身體啟發對生命的領悟，讓她的人生不斷翻新又翻轉，如此不可思議又活生生示現於眾。然而這些驚人的外在蛻變，也不過只是映照出她內在無限量的意識擴展而已。

當采榛老師與我分享，她想用自己對覺察的領悟、以及在長年教學中帶領無數學員們轉化的經驗，融入身心覺察的核心精髓、再結合澳洲花晶的視覺色彩與能量頻率，化現出一套轉化生命奇蹟卡，讓所有人都無門檻、無階級、無阻礙的接觸到覺察療癒時，我便十分讚嘆又激賞她無私的精神與正知智慧的理念。她的發想實現了我過去想實現卻未曾付諸行動的理想，透過她的創造力，我也彷彿心想事成了。

在這一年之間，36 張奇蹟卡從創意發想、陸續設計、直至完稿，我都被每一張奇蹟卡所呈現的色彩頻率、圖象意涵、內在隱喻深深感動著，每張奇蹟卡都如此唯美傳神又真實的揭示出潛意識的覺察信息，正是采榛老師親身實踐過後而呈現出的原創之作！

奇蹟卡斷然不是為了指點迷津而創化的，儘管卡片呼應外境非常相符，但這樣的共時性並非在個案的知覺領域升起，反而是在信息場的直覺中共振回應，若丟失覺察的領航，以及持續透過身體破冰轉化的過程，片段的自我詮釋將失去整體轉化的契機。

奇蹟卡打破頭腦的設限與障蔽，從卡片的解讀窺見內在早已設定的程式，透過花晶的高頻率，增添生命動力，同時，融釋身體印記自動化的迴路，始終不可或缺的是「覺察的臨在」，覺察擴增了人們往內探索生命真相的潛能，迎回心靈的美善豐盛

邀請你敞開心，透過轉化生命奇蹟卡，進入療癒煉金般的靈性覺醒之旅！

在自己的願力下，
成為知命改運的生命奇蹟創造者

／趙采榛

關於第一本書

身體是意識的載體，而意識與靈性相連。從外在身體的療癒進入內在心靈的轉化，本有靈性不學自會、不修自展、不攻自破。從身體的覺察與療癒，讓我扭轉了原本絕望低谷的人生、離開幽暗無光的宿命迴圈。因此我在第一本書**《全方位身心覺察自我療癒轉化生命全書》**詳談身心覺察，希望更多人了解身體的真相、成為自己最好的療癒師。

關於第二本書

而身體能量決定意識層次，心靈的頻率反映在身體能量上，我們會自然升起同頻的意念、想法、情緒，外在會自動做出相同的言語、行為、選擇。每一個踏上療癒之旅的人都想要改變，然而能量只能同頻共振，若身體印記厚重、散發的頻率過低，我們會自動圍繞在相同的層次迴圈。唯有改變身體能量，同時依隨願心覺知身體、從身體連結心靈，內在的意識之光照，便可進入密不透光的身心印記泥牆，讓我們與本有靈性相連。因此我在第二本書**《遇見轉化生命的澳洲花晶》**中，延續身心覺察的核心，利用澳洲花晶，深解身體能量與生命實相的共振機轉。

關於第三本書

我在兩本書的自序真心分享自己的過去，我曾對人生感到毫無希

望，對所有人失去信任，每天活得行屍走肉，在宿命中痛苦掙扎，只求不被滅頂……。猶記二十歲時，我對人生絕望到只有兩個選擇：「除非轉化，否則死亡。」我帶著破釜沈舟的決心初入療癒的探索、走上靈性引領的道路，至今十多年的光陰，我活出截然不同的自己。這一生恍若隔世的歷程，使我對身體的智慧充滿敬愛、對生命的慈悲充滿感激。因此我在第三本書**《教你用身體算命，讓你成為知命改運的身體算命師》**中，以命盤為主題，持續分享身心覺察。今生命盤只是起始點的地圖，但「活在宿命」、「改變命運」、「轉化生命」的種子（量子）全部都在身體裡，你選擇為哪些種子投入意識、澆灌養分，都必然破土、開花、結果。並在文末加碼收錄用身心覺察破除以下玄奇信念：冤親債主、前世業障、嬰靈傳說、靈異體質、外靈干擾、神祕體驗、靈性覺醒……。希望更多人以正知正見認識身體、了解自己。

在你低潮恐懼時，身體是你的靠山，讓你不會被困在幽谷出不來；當你高潮狂喜時，身體是你的定海神針，幫助你不因此迷失自我。身體是靈性的載體，從身體覺察進入內在心靈，本有的靈性便不攻自破。

關於《身心覺察・自我療癒・轉化生命－奇蹟卡》

療癒煉金坊設計的《身心覺察・自我療癒・轉化生命－奇蹟卡》內有第一本書的身心覺察引導、結合第二本書的澳洲花晶能量對應、帶出第三本書知命而不困命的提醒。

只要使用者願意帶著自我負責、改變自我的決心，必能在使用奇蹟卡的過程中學習與實踐身心覺察的智慧，幫助自己從身體印記中走入內在心靈、解開命運模式的組織結構，進而改變固有僵化的命運人生，重啟轉化生命的蛻變之力。

身心覺察 · 自我療癒
轉化生命奇蹟卡

算命、占卜、牌卡為什麼會「準」？

幾乎所有算命排盤方式：星座星盤、紫微斗數、生命數字……等等都是使用一個人的出生年月日八字。而其推算的非僅身體誕生於世間的時間，更是依生命體形成的一刻（受精卵），推論日後的命運軌跡。

即便是依當下直覺靈感所進行的各式中西牌卡、卜卦問占，看似不需使用出生年月日，但仍是依循身體的能量頻率選擇與之相符的牌卡內容，或預測到與身體能量吻合的占卜結果，再以此揭示當下的發生、未來的事件、相關的人事變動等。

因此無論是使用出生年月日八字的各式算命，或是依當下身體能量的占卜預測、抽選牌卡，都是用過去（身體印記），推論你的現況（人生際遇），預測你的未來（可被知的）。

身體的頻率，來自你的身體印記。

何謂身體印記

身體印記是所有印記的統稱，指「被留下來的能量」，也稱為烙印、陰影、凍結。凡兒時印記、情緒印記、家族印記、累世印記，都是同一股沒被好好面對、釋放、流經的能量。會「被留下」的能量，都是痛苦與創傷的能量，就像電影中的鬼片故事：只有悲

傷、悔恨、痛苦的靈魂成為「被留下來的」冤魂厲鬼（在此只是比喻，所有鬼怪幽魂傳說，都不過是尚未化解的「人」的情緒感受）。被留下的無形能量會被儲存在有形的身體中，成為身體印記；我們再透過儲存這些能量的身體，在日常生活中重複著印記中的能量，顯化出重複性很高的命運模式（宿命輪迴）。

當身體儲存過往的創傷凍結＝身體印記

我們所有思言行都是被身體印記所主導

所以頭腦說的都不算、身體印記說才算

所以，當你已經習慣負面思考，而你想讓自己「不要想太多了」、「來正面思考吧」……你會發現自己根本做不到。你或許以為自己做不到的原因，是因為習慣了負面思考，但事實是：你會有負面思考的起因是來自你的身體印記，是身體印記一次又一次的讓你負面思考，所以當你想改變、當你以為自己可以培養一個正面思考的習慣時……你發現自己做不到，你停止不了原本的思考方式。

請將上面所說「思考的方式」，換成你說話的方式、行動的方式、會選擇的方式……都是一樣的，你無一不被身體印記影響著。

你決定曾幾何時健康飲食時，身體的飢餓感就立即聽命於你？你有沒有想要節制花費時，身體仍舊不由自主逛網拍，走進商店掏出錢包，選購你其實不需要的東西？你難道不曾決定想要積極正向生活，身體卻還是自顧自的維持熬夜與晚起的消極習慣嗎？

還有許多日常生活隨處可見的範例：

你「知道」早睡早起對身體好，但就是「做不到」。

你「知道」想開一點對心情好，但就是「做不到」。

你「知道」飲控運動對身材好，但就是「做不到」。

你「知道」開源節流對荷包好，但就是「做不到」。

你「知道」抽煙酗酒傷害身體，但就是「改不了」。

你「知道」縱慾濫性傷害自己，但就是「改不了」。

你「知道」借錢揮霍導致破產，但就是「改不了」。

你「知道」損人利己違背良心，但就是「改不了」。

若對身體沒有覺察的能力，我們會自動被身體早就存在印記（業種）主導著思言行，顯化著與之相符的外境實相（業果）。

身體不只是一具肉體

身體印記是超越時空的龐大資料庫，我們所有的肉體細胞都是宇宙全息圖。宇宙之初的能量大爆炸產生了萬物存有，正如同精子與卵子結合成受精卵、在子宮擴張而孕育出生的物質性生命。身體即是微型宇宙，紀錄著每一個人累生累世的業力能量及世代相傳的家族模式。

因此用形成身體的出生年月日、或依身體能量來進行預測的方式，都是以業種（身體印記）推論已知的業果（人生命運），常見使用不同的算命方式也都必「被算準」。然而算命或占卜預測並無好壞，可以是個人習氣慣性的覺察線索，前提是需對身體有所認識，因為個人習氣、創傷慣性或業力模式……都是從身體印記所主導的思言行顯化成人生命運，若對身體沒有了解，會使所有算命及問占流於「宿命論斷」，讓你僅知其命、卻不知何解。

常常算命，會讓命愈算愈薄？愈算愈差？

這個傳說很多人都聽過，也有人問過，但很少有人明白到底是為什麼？所有算命問占的結果都是反映一個人的身體印記，當我們

對身體沒有覺察的能力，只會用頭腦思考與分析算命後的結果，就會被算命與占卜的「準」擴大心中原有的不安與恐懼，讓自己更加陷入身體印記的習氣慣性，無論你是否下定決心改變，都是趨吉避凶的反作用力，往往陷入「命被愈算愈差」的窘境。

例如：當被預測一個好的發生，可能會放任習氣而得意忘形，讓已知的好事被打折或最後失去機會。如果是以身體當下頻率所選擇的占卜及牌卡預測，就會是愈算，得出的結果愈差。

當算命結果預測你與人的關係易有糾紛，也許你很用力壓抑克制自己的言行舉止，卻仍在互動中被觸發失控，讓你感覺自己功虧一簣，讓關係破裂。或是在預知未來事件後，帶著消極哀怨等待，當事件發生，你感覺自己終究不敵宿命。

當我們不了解身體，只用無明意識去窺探命運，反易因此擴大習氣業種。再繼續無明投射到算命問占上，產生出「都是算命讓我的命被愈算愈差」的想法，彷彿自己因無明而被陷落宿命的結果，都是算命造成的，這是很常見的投射思維。

所以可怕的不是算命、可惜的也不是歹命，所謂的算命只是「以業種（身體印記）推論業果（人生命運）」的結果。相對的，如果我們能更認識身體、了解如何覺察身體、再從身體覺察自己，你就能從知命困命的宿命中、轉化為知命改運的模式。

更多關於身體印記的覺察分享，可以閱讀《全方位身心覺察自我療癒轉化生命全書》。

啟用轉化生命奇蹟卡

奇蹟卡設計理念

療癒煉金坊所設計的《身心覺察•自我療癒•轉化生命－奇蹟卡》共 36 張，每一張奇蹟卡都完整對應每一個身體訊息、所有潛意識心靈信念、無限本有的靈性智慧。

✧ 36 張《轉化生命奇蹟卡》牌組共有：7 張轉化卡、14 張覺察卡、14 張療癒卡、1 張覺醒卡。

✧ 每一張奇蹟卡完整對應你七大脈輪身心靈訊息、教你認識 14 種內在小孩的療癒方法、啟發你 15 種無限本有的靈性智慧潛能。

✧ 每一張奇蹟卡同時疊加對應 7 種渾厚晶礦寶石能量、15 種身心轉化高頻能量、18 種潛意識信念精微能量。

奇蹟卡不須繁複的牌陣就能完全繞過頭腦，幫助使用者在先天的習氣慣性、後天的人生際遇中，鍛練身心覺察、自我覺察的能力。

使用者依自己的身體印記能量、連結到對應的生命奇蹟卡，能精確顯示當下現況、精微預測即將被顯化的未來發展，指出事件背後的潛意識信念、蘊藏的身體印記訊息，再一一導引至「身心覺察、自我療癒、能量轉化」的個人解方。

只要使用者願意帶著自我負責、改變自我的決心，必能在使用奇蹟卡的過程中學習與實踐身心覺察的智慧，幫助自己從身體印記中走入內在心靈、解開命運模式的組織結構，會改變固有僵化的命運人生，重啟轉化生命的蛻變之力。

奇蹟卡讓其知命，卻不困命；知運，更能再造運；讓使用的人都能在自己的願力下，成為知命改運的生命奇蹟創造者 —— 這就是《身心覺察•自我療癒•轉化生命－奇蹟卡》的真實作用。

轉化生命奇蹟卡 適合所有人使用

奇蹟卡適合只是好奇想玩的人

每位使用者，都能以開放自由的心，接收當下最適合自己的專屬訊息。你可以只是好奇想玩，將奇蹟卡當作一個趣味遊戲般使用；奇蹟卡好看、有趣、也好玩，絕對能滿足你想在牌卡中找樂趣的心，與此同時它仍會在無形中帶給你祝福能量。

奇蹟卡適合想要尋求指引的人

你可以毫無理解，帶著尋求指引的心使用奇蹟卡；它會引導你從外在找尋回到自己，使你在迷惘中也有方向、在不安裡生起力量，問題與答案都在你身上，你就是解開自己的指引者。

奇蹟卡適合沒有身心覺察基礎的人

身心覺察不是一套方法與教學，身心覺察代表的是「自己」。你不一定聽過，你可能沒學過，而你只需要跟隨說明，將覺知回到自己身上，你的身體能量會帶動牌卡能量。每張與你身體連結的奇蹟卡，都會深入淺出地解析你當下的真實狀態、問題背後的原因，提供目前最適合你的身心覺察方向。（建議搭配閱讀《全方

位身心覺察自我療癒轉化生命全書》）

奇蹟卡適合已有身心覺察基礎的人

已有身心覺察基礎的夥伴，在習練一段時間後，可以搭配奇蹟卡的運用：跟隨說明，讓身體能量帶動牌卡能量，每張與你身體連結的牌卡，都是越過頭腦對你與身體之間的概念，提供當下適合你的身心覺察方向。你可以保有自己的覺察步驟，試試放輕鬆搭配簡單好玩的奇蹟卡，替你的覺察操練帶入一些趣味新意，也許會有意想不到的驚喜！

奇蹟卡適合沒有接觸澳洲花晶的人

澳洲花晶是高頻能量工具，每張奇蹟卡都有對應的澳洲花晶能量。只要使用者以自我療癒的願心運用奇蹟卡，即便不了解也沒用過花晶，但每張卡牌所對應的澳洲花晶能量解讀，都能成為你身心覺察與自我覺察的線索之一。

奇蹟卡適合已在運用澳洲花晶的人

療癒煉金坊堅持正知正見的身心覺察為主、澳洲花晶的高頻能量為輔，奇蹟卡能協助花晶能量使用者帶著覺知運用工具；幫助你對身體的連結、擴大你對自己的療癒，讓意識層次在雙重輔助下無限提升、同步顯化你的生命中。（建議搭配閱讀《人人都能成為自己的療癒師‧轉化生命的澳洲花晶》）

奇蹟卡適合提供個案服務的
療癒師、占卜師、能量工作者、身體工作者

奇蹟卡是身心療癒工作者的好搭檔，將原有專業結用使用奇蹟卡，能輔佐每位療癒者更加發揮自己助人助己的力量：可以帶領

個案輕鬆抽玩，增添與個案的交流互動，也可運用奇蹟卡導引個案關注身體、對自己產生覺知。一起協助個案成為自己的解鈴者，是每位專業助人工作者最大的回饋與收穫。

奇蹟卡使用方法

生命奇蹟卡共36張，內有7張轉化卡、14張覺察卡、14張療癒卡、1張覺醒卡。

轉化卡：代表近期適合發揮的身心能量特質，會帶來豐富的收獲、讓生命發展茁壯。

療癒卡：近期可以修護的身心能量，幫助自己回歸生命的中心力量，帶來新的轉機。

覺察卡：代表近期適合發展的生命潛質，會帶來個人成長與自我突破，使生命擴展。

覺醒卡：顯化一切生命奇蹟的錦囊妙句。代表你正在轉化重生的過程，提醒你認出已經發生的蛻變。

每一張奇蹟卡的圖片都能透過視覺觀看與閱讀，讓潛意識的能量流動。每一張奇蹟卡的牌義，會精確顯示使用者當下現況、精微預測即將顯化的未來發展，指引潛藏的身體印記、情緒印記、兒時印記。

使用者只需跟隨下列步驟輕鬆使用，就能依當下的身體能量連結到對應的生命奇蹟卡。

使用方法一

使用目的：利用奇蹟卡的客觀指引，了解當下適合發揮的個人力量，或需要平衡修護的身心能量。當我們運用奇蹟卡的牌義回歸

與身體的連結及覺察，能越過頭腦層次及原定命盤，幫助自己掌握生命之流、順勢而為，帶領自己活在當下，知運造運，在覺知中成為生命奇蹟的創造者。

使用頻率：可以每天使用，每次可以抽取一至兩張奇蹟卡。

使用方法：

1. 深呼吸三次、全然放鬆身體後，用左手直覺抽取一張奇蹟卡，翻開後靜心看著牌面圖案，再依對應的牌義了解自己的身心靈狀態。

2. 每次使用後建議紀錄牌面與牌義，落實對應的身心覺察，讓個人的身心靈能量保持平衡舒適的狀態。

用方式一抽到轉化卡：代表近期很適合發揮的身心能量！當你與平衡卡所對應的身體部位合作，勇於發揮對應的身心能量，生命的奇蹟會被你顯化。

用方式一抽到療癒卡：代表近期適合加強覺察的方向。當你落實療癒卡所對應的身心覺察、補充對應的身心能量，內在與外境都會發生轉機，生命的奇蹟會自然到來。

用方式一抽到覺察卡：代表近期很適合發展的內在能量！當你練習覺察卡的身心覺察、補充對應的身心能量，你的人生會有所突破與成長，生命的奇蹟會被你顯化。

用方式一抽到覺醒卡：無論你的心境或外境如何，你都已活在生命的奇蹟中。只要腳踏實地做能做的事情、該做的事情、想做的事情，你會發現「奇蹟早就發生」了！

使用方法二

使用目的：利用奇蹟卡的客觀指引，了解與自己相關事件背後的真正源由。當我們運用奇蹟卡的牌義，落實與身體的連結及覺察，能越過事件的表相，看見只屬自己的內在真相。當我們在覺知中自我負責，就能找回自己的力量，在命運中不被原命所運，讓心境轉化、發生轉機，使生命奇蹟不可預期的降臨，你就是全新實相的創造者。

使用頻率：每次至少間隔七到十天，每次抽取三張奇蹟卡。

使用方法：

1. 深呼吸三次、全然放鬆身體後，在心中想一遍與自己有關的事件、及自己對這個事件的感受（不需反覆重複或叨念細節），用左手直覺抽出第一張奇蹟卡。

2. 繼續深呼吸、保持身體放鬆，在心中提問這個事件與自己有關的部分，再用左手直覺抽取第二張奇蹟卡。

3. 繼續深呼吸、保持身體放鬆，在心中提問透過這個事件帶給自己的提醒與教導，再用左手直覺抽取第三張奇蹟卡。

4. 依序抽取出三張奇蹟卡後，再一一翻開。先靜心看著每一張奇蹟卡的圖案，感受身體與內心的感受。（每一張奇蹟卡的圖案都有對應的身體印記、潛意識訊息，有些人在觀看奇蹟卡時就會產生身體反應或情緒浮現，代表共振到內在心靈的流動。）

5. 在「見證奇蹟紀錄本」中紀錄這次所問事件，及抽取到的奇蹟卡組。

6. 每天落實奇蹟卡指引的身心覺察、補充對應的身心能量，持續將所覺察到的內容紀錄在「見證奇蹟紀錄本」。

7. 連續落實一到兩個禮拜後，覺察自己的身體與想法及情緒感受、對原始事件的心境與反應等……發生了哪些變化？將發現到的改變繼續紀錄在「見證奇蹟紀錄本」。

注意事項

◎使用方法二 只問與自己有關的事件或想了解的個人狀況，例如自己的工作、交友、感情、家庭、金錢、學習、身體、情緒等。

◎若遇到的事件也與別人有關，提問仍以自己為主。

例如：1. 遇到的事件是感情狀況（與別人有關）。
　　　2. 續問感情狀況與我有關的部分是什麼？
　　　3. 再問感情問題帶給我的提醒與教導又是什麼？

◎若想問的事情屬於別人的事，提問仍以自己為主。

例如：1. 想問的事件是家人健康狀況（別人的事）。
　　　2. 續問家人健康狀況與我有關的部分是什麼？
　　　3. 再問家人健康狀況帶給我的提醒與教導又是什麼？

◎切忌提問與自己無關的別人隱私：別人的工作狀況、感情狀況、想法及決定。此違反奇蹟卡的真實目的，對自己沒有任何幫助，反會陷入慣性、糾纏因果。

◎可以代問血親家人的身心能量狀態，以及自己可以為其提供的實際協助或哪些情感面的理解。

用方式二抽到轉化卡：代表可以好好發揮的身心能量！

與轉化卡對應的身體部位連結、覺察、合作，帶著覺知發揮對應的身心能量，主題事件、關係、人事都會有發展。

用方式二抽到療癒卡：代表可以覺察療癒的方向！

當你落實療癒卡所對應的身心覺察、補充對應的身心能量，事件會以「幫助你擴大自我格局」的方式發展，內在與外境都會發生轉機，生命的奇蹟自然到來。

用方式二抽到覺察卡：代表可以發展的內在能量！

當你練習覺察卡的身心覺察、補充對應的身心能量，會為所問事件、關係、人事帶來新的契機。

用方式二抽到覺醒卡：無論你的心境或外境如何，你都已活在生命的奇蹟中。只要腳踏實地做能做的事情、該做的事情、想做的事情，你會發現「奇蹟早就發生」了！

生命的奇蹟從來不是善惡之分的賞賜

生命的奇蹟是那不生不滅的永恆存在

我們相信，它在。

我們不服，它在。

我們無明，他在。

我們覺察，他在。

不論你好與不好、是高意識覺醒又或是徹底無明

它並不因此多給或少給，這就是真實的生命本質

所以生命從不講究公平，那是因為生命已然平等

一起 用奇蹟卡 見證奇蹟 吧！

奇蹟轉化卡系列

代表近期適合發揮的身心能量特質
會帶來豐富的收穫、讓生命發展茁壯

轉化卡 I
生命無條件的支持我
Life supports me unconditionally

—轉化卡—
生命無條件的支持我

- 視覺療癒：
  鮮豔熱烈、生命動感的紅色

- 身體對應：
  第一脈輪－海底輪
  下半身全區、下體、腰椎腎臟、
  血液心臟、關節骨骼

- 心靈對應：物質生命的行動力

- 靈性對應：與原生家庭的連結

- 能量對應：1 號花晶

- 生命奇蹟：

  用身心覺察與身體第一脈輪合作，發揮根植大地的行動力，在四季中的晴、風或雨踏實生活、順應自然長生。身體記錄原生家庭的能量，連結身體就能祝福原生家庭，海底輪的靈性能會無條件滋養你，使生命之樹結出豐碩的花果、在花開花落中生生不息。

- 啟動鑰匙：第一脈輪身心覺察

  雙腳是物質身體的根基，支持你人生每一個行動
  原生家庭是物質生命的根基，灌溉你的發芽成長
  以為不足的，從不缺少；以為不夠的，早已具全
  你在知與不知間，早已得到一切所需的生命養分

第一脈輪－海底輪的最高平衡

春啟－醞釀：該做的事會去做

夏發－綻放：想做的事敢去做

秋收－更新：不需做的就不做

冬藏－休養：休息時好好休息

身處四季 腳踏實地 順應自然

使用方法 I

抽到第一脈輪－海底輪的轉化卡，代表你下半身的能量已蓄勢待發。從身體連結第一脈輪、補充海底輪的身心能量，帶著你所有的狀態踏出步伐，你毋須再等待、你沒有不足夠、你不用再更好，你只需落實行動就能顯化創造、種下生命的奇蹟。

使用方法 II

抽到第一脈輪－海底輪的轉化卡，代表你可以加強第一脈輪的身心覺察、補充海底輪的身心能量，從身體連結原生家庭的兒時印記，在覺察中會釋放你下半身力量、恢復輕鬆與輕盈，幫助你向外落實應有的行動，你的關係與外境都會因此出現轉機。

▶ 建議落實第一脈輪身心覺察、補充海底輪的身心能量，讓下半身釋放印記、使行動力富有彈性，幫助你的外境水到渠成。

▶ 將你的覺察記錄在「見證奇蹟紀錄本」，從第一脈輪身體印記走入內在心靈、解開原生家庭模式的結構，改變固有的行動模式、啟動豐富轉化的蛻變奇蹟

▶ 建議搭配閱讀《全方位身心覺察自我療癒轉化生命全書》第三章「第一脈輪完整身心覺察」。

轉化卡 II

我與創造的源頭連結

I connect with the source of creativity

— 轉化卡 —
我與創造的源頭連結

• 視覺療癒：
  溫暖接納、鮮活創造的橘色

• 身體對應：
  第二脈輪－生殖輪
  下腹部、生殖系統、泌尿系統、
  下腹腸道、腎臟腎氣

• 心靈對應：物質生命的創造力

• 靈性對應：與內在母親的連結

• 能量對應：2 號花晶

• 生命奇蹟：

  第二脈輪－生殖輪的最高平衡
  生命給予你的愛與祝福，無分你的善惡對錯好壞。
  你的出生、成長、存在、好壞正負都被允許存在。
  生命對你無條件無分別的愛，用母體的孕育顯化。
  你永遠不需要害怕失敗，因為你的存在已是成功。

• 啟動鑰匙：

  用身心覺察與身體第二脈輪合作，連結物質生命的創造源頭，
  生殖輪的靈性能量會源源不絕地充滿你，你會覺醒看見自己是
  超越二元的存在。你的創造沒有上限、擁有無限可能；你的創
  造沒有下限、你毫無所限。

使用方法 I

抽到第二脈輪－生殖輪的轉化卡，代表你內在已經富含豐沛的創造能量。創造無分形式，放下頭腦的預想，從身體連結第二脈輪、補充生殖輪的身心能量，釋放內在的陰性自我，允許自己身為孩子對母親的情緒情感，並用第一脈輪的行動力顯化你早已富足的創造力。

使用方法 II

抽到第二脈輪－生殖輪的轉化卡，代表你可以加強第二脈輪的身心覺察、補充生殖輪的身心能量。連結內在母親的自我面向，無論男女都可以從身體連結內在母親的陰性能量。允許你對自我的柔性之愛湧現，讓祂流入你身邊的人事物境。以柔克剛的生殖能量會助你四兩撥千金，讓你遇見的事都能化險為夷、創造和諧的物質關係。

▶ 建議落實第二脈輪身心覺察、補充生殖輪的身心能量，讓下腹部彈性又有力、使陰性能量流動暢通，讓你的創造力盡情揮灑。

▶ 將你的覺察記錄在「見證奇蹟紀錄本」，從第二脈輪身體印記走入內在心靈、連動與母親的能量轉化，改變世代的陰性模式、啟動幸福美滿的豐盛奇蹟。

▶ 建議搭配閱讀《全方位身心覺察自我療癒轉化生命全書》第三章「第二脈輪完整身心覺察」。

轉化卡 III

我是無限的成功成就

I'm the unlimited achievement

—— 轉化卡 ——
我是無限的成功成就

- 視覺療癒：
  耀眼光亮、生動外放的黃色

- 身體對應：
  第三脈輪－太陽輪
  上腹部、消化系統、淋巴系統、
  皮膚系統、腎上腺素

- 心靈對應：情緒能量消化系統

- 靈性對應：願景藍圖消化系統

- 能量對應：3 號花晶

- 生命奇蹟：
  用身心覺察與身體第三脈輪合作，太陽輪的靈性能量會讓你自
  然的活潑生動、十足的創意感。
  你會允許自卑的自己，也會允許驕傲的自己。
  你可以低落、你可以高昂、你可以喜怒哀樂。
  你信任生命、你什麼都能是、什麼都願經驗。

- 啟動鑰匙：第三脈輪身心覺察
  上腹部是消化情緒感受的區域
  肝膽胃脾胰對應每種情緒能量
  我們能從第三脈輪的身心覺察
  正確地對待如風般的情緒感受
  當過去積壓的情緒能量流動了

身體消化系統會恢復平衡
靈性消化系統也會被開啟

第三脈輪－太陽輪的最高平衡

太陽輪是內化願景藍圖的能量
身體能量中心是 1-3-5 脈輪對應
從第三脈輪消化、吸收、內化
就能從第一脈輪踏出行動實現
當你平衡第三脈輪的身心能量
會散發太陽般的光芒展現自己

使用方法 I

抽到第三脈輪－太陽輪的轉化卡，代表你可以勇敢地自我展現，
從身體連結第三脈輪情緒流動、補充太陽輪的對應能量。允許各
個自我的存在，使你的靈性消化系統也被開啟，用第一脈輪的行
動力將祂顯化，讓你的生命能量無比綻放。

使用方法 II

抽到第三脈輪－太陽輪的轉化卡，代表你可以加強第三脈輪的身
心覺察、補充太陽輪的身心能量。連結內在自我的陽性之光，從
身體連結中性的情緒感受，不抗拒也不抓取，當情緒印記流動，
將啟發你向外展現自己的力量。從容自在的活力，讓你將自身的
光芒帶入身邊的境況，結果會超出你的預期。

▶ 建議落實第三脈輪身心覺察、補充太陽輪的身心能量，讓上腹部
  彈性又有力、對外展現你的熱情與創意，實現你的理想與願景。

▶ 將你的覺察記錄在「見證奇蹟紀錄本」，從第三脈輪身體印記
  走入內在心靈、連動內在陽性能量轉化，將自卑與自大的兩極
  邁向中間平衡，以自在的自信照亮自己與別人的生命。

▶ 建議搭配閱讀《全方位身心覺察自我療癒轉化生命全書》第三
  章「第三脈輪完整身心覺察」。

轉化卡 IV
真正擁有是給出自己
To give is to own

— 轉化卡 —
真正擁有是給出自己

- 視覺療癒：
  生機盎然、回春大地的綠色

- 身體對應：
  第四脈輪－心輪
  上胸上背、雙手胸口、胸腔乳房、
  心肺系統、免疫系統

- 心靈對應：給出與擁有的能力

- 靈性對應：慈悲接納的愛自己

- 能量對應：4 號花晶

- 生命奇蹟：

  用身心覺察與身體第四脈輪合作，面對、允許、接受自己的每一個面向。想無限的愛自己，你需要接受每一個有限的自己：你的好與不好、你的善與惡、你可以原諒或憎恨、你能祝福或怨詛⋯⋯。每一個自己都是偉大生命的一部分，你對自己的自我接納度、就是向生命敞開真實擁有的能力。

- 啟動鑰匙：第四脈輪身心覺察
  雙手是我們承接愛、給出愛的部位。
  當我們可以擁抱每一個面向的自己。
  不因羞愧而拒絕被愛、不因自責而推開豐盛。
  不因匱乏而不停索取、不因受傷就自傷傷人。
  這樣的你擁有無限量的生命。

你是自己豐盛之愛的給予者。
你就是那個無條件去愛的人。

第四脈輪－心輪的最高平衡

你無關好壞的接受自己，如其所是
你陪伴喜不喜歡的自己，坦然接納
你不需更好，卻還能活出無限的好
你一無所缺，卻得到比付出的更多
你將擁有的自己帶給別人
別人也會將自己分享給你
真正的擁有在共享中發生
你愛自己，生命也深愛你

使用方法 I

抽到第四脈輪－心輪的轉化卡，代表你擁有更多的自己。從身體
連結第四脈輪、補充心輪的身心能量，將自我接納在物質生活中
顯化，你擁有被愛的關係、你也享受付出愛，你迎接到來的禮物、
你也願意送出去。你與身邊的人因為滿足而相互給予、又因為給
予而感到富足。

使用方法 II

抽到第四脈輪－心輪的轉化卡，代表你可以加強第四脈輪的身心
覺察、補充心輪的身心能量，允許那些曾經難以面對的感受與想
法、聆聽內在對自己的批判聲音，這個過程就是世間上最幾近無
條件的愛。當你對自己練習這麼做，將幫助你認出並收回對他人
的投射，你會以不同的方式應對與抉擇，所遇事件將迎刃而解。

▶ 建議落實第四脈輪身心覺察、補充心輪的身心能量，讓上半背及雙手胸口都鬆動，大方接受來自他人的善意、幫助、與愛。與人共好使你擁有一切，來自你對自己的真心付出。

▶ 將你的覺察記錄在「見證奇蹟紀錄本」，從第四脈輪身體印記走入內在心靈、提升對自己真實的愛，宇宙會用你對待自己的方式回應你，你會見證生命真愛的奇蹟就是自己。

▶ 建議搭配閱讀《全方位身心覺察自我療癒轉化生命全書》第三章「第三脈輪完整身心覺察」。

轉化卡 V

我臣服生命傳遞真理

I'm committed to spreading
the truth of life

— 轉化卡 —
我臣服生命傳遞真理

- 視覺療癒：

  深邃內涵、心靈沉穩的藍色

- 身體對應：

  第五脈輪－喉輪

  肩頸口腔、腮腺淋巴、支氣管、
  甲狀腺

- 心靈對應：真實的自我表達

- 靈性對應：臣服於生命真相

- 能量對應：5 號花晶

- 生命奇蹟：

  用身心覺察與身體第五脈輪合作，從身體面對自己是最忠實的
  自我坦承。自我負責就是交托與臣服的宣誓，對自己真實的表
  達所有的情緒、感受、想法、信念，你聆聽並表達內在的真理
  實相，你為一切所是負責，領航著自己的生命，也引領著旁人
  的方向。

- 啟動鑰匙：第五脈輪身心覺察

  身體是 1-3-5 脈輪陽性能量對應

  身體從 5-6-7 脈輪是靈性能量區

  喉輪的口腔牙齒與喉嚨，是咀嚼吞嚥及發聲的區域。

  當海底輪展現出行動力，會帶動太陽輪的自信之光。

串聯 1-3-5 脈輪的連動，平衡的陽性是領導者的力量。
你是自己唯一的權威，你能自我帶領、也能引領他人。

第五脈輪－喉輪的最高平衡

真實的自我表達是對自己誠實坦承
你在面對中承認，你在承認中負責
你認出自己就是生命中唯一的權威
你在心中成為自己內在的陽性父親
你能掌握卻不掌控、主導而不侵擾
你聆聽自己、表達自己、教導自己
你帶領自己，使別人自然的仰望你
你在沉靜中洞悉一切，影響著人們

使用方法 I

抽到第五脈輪－喉輪的轉化卡，代表你正在帶領自己、也影響著別人。從身體連結第五脈輪、補充喉輪的身心能量，將自我負責的力量顯化為領導者的光芒。你不需要特定的身分或職位，你的存在就是臨在。勇敢承認自己的力量，引領別人與自己走向生命轉化的旅程。

使用方法 II

抽到第五脈輪－喉輪的轉化卡，代表你可以加強第五脈輪的身心覺察、補充喉輪的身心能量，即使心有猶豫，你都早已具備與人溝通交流的能力、互相理解的心量。當你誠實地表達自己，不以反話保護自己、不以抗拒防禦別人，生命會帶你領悟自己的真實樣貌：你是命運的創造者與改變者。

▶ 建議落實第五脈輪身心覺察、補充喉輪的身心能量，讓喉嚨表達順暢、透過嘴巴說出與心一致的話語，誠實的力量帶你領導自己、引領並成就他人的生命。

▶ 將你的覺察記錄在「見證奇蹟紀錄本」，從第五脈輪身體印記走入內在心靈。你降伏著自己（小我）、臣服於自己（大我）。非凡的奇蹟發生在平凡的每一天，你的存在就是奇蹟。

▶ 建議搭配閱讀《全方位身心覺察自我療癒轉化生命全書》第三章「第五脈輪完整身心覺察」。

轉化卡 VI

打開心靈之眼見真相

To see the truth with inner eyes

— 轉化卡 —
打開心靈之眼見真相

- 視覺療癒：

  智慧洞見、內在覺知的靛色

- 身體對應：

  第六脈輪－眉心輪

  臉部五官、松果腺體、神經系統

- 心靈對應：看見真相的能力

- 靈性對應：平等的靈性意識

- 能量對應：6 號花晶

- 生命奇蹟：

  用身心覺察與身體第六脈輪合作，超越肉眼所見、向內打開自己的心靈之眼，超越好壞對錯的標準，在心中認出對外長久以來展示的樣貌與形象。你發現自己的本質超越表相的身分，好與不好或還需更好…都只是一個局限的定義。你不需無所不能、完美無瑕、好再更好，你只需平等地看待每一個面向的自己，就能自然運用完整的生命潛能。

- 啟動鑰匙：第六脈輪身心覺察

  身體是 2-4-6 脈輪陰性能量對應

  身體的第六脈輪是靈感連結區

  眼睛、耳朵、臉部五感是向外表現自己的人性樣貌。

  連結生殖輪的內在母性，將帶動心輪的無條件的愛。

  串聯 2-4-6 脈輪的連動，會在生活中被靈性直覺帶領。

第六脈輪－眉心輪的最高平衡

靈性既非凡超然、又平凡無奇

靈性就在你之內、又無所不在

你無法模仿、追尋、修煉出祂

你只能從自己的覺察中認出祂

用身體連結心，靈性不攻自破

從生殖輪成為自己的內在母親

再從心輪對自己真實敞開接納

小我會在眉心輪的能量中消融

使用方法 I

抽到第六脈輪－眉心輪的轉化卡，代表你正活在直覺靈感中。從身體連結第六脈輪、補充眉心輪的身心能量，你不需刻意找尋靈感存在的證據，只要認出你目前為止的成長與變化。神奇的靈性已經遍布在你日常中的每一刻，只要繼續覺察身體、用身體踏實生活，你就是靈性智慧的實踐者。

使用方法 II

抽到第六脈輪－眉心輪的轉化卡，代表你可以加強第六脈輪的身心覺察、補充眉心輪的身心能量。無論你正面對、遭遇哪些人事物境，你對自己的評判都早已超過外在所發生的事實。你極力追尋的、改變的、呈現的身分與形象，都被包裝在事件的對與錯之中。用身體覺察幫助自己從頭腦的分析與嘈雜中暫離，你會發現事情的轉機就如內在靈性：祂一直都在。

▶ 建議落實第六脈輪身心覺察、補充眉心輪的身心能量。相由心生，鬆開五官眼耳鼻口，創意靈感會從臉部透現光采，讓你在平凡的日常中活得非凡。

▶ 將你的覺察記錄在「見證奇蹟紀錄本」，從第六脈輪身體印記走入內在心靈、提升對自己的洞察力，你會穿透物質的表相、看見事物的本質：偉大奇蹟如空氣，在日常生活中的每一天圍繞著你。

▶ 建議搭配閱讀《全方位身心覺察自我療癒轉化生命全書》第三章「第六脈輪完整身心覺察」。

轉化卡 VII
理性與感性相容兼具
The perfect harmony of sense and sensibility

― 轉化卡 ―
理性與感性相容兼具

- 視覺療癒：
  七彩融合、天地合一的暗色

- 身體對應：
  第七脈輪－頂輪
  頭部全區、腦下垂體、前額葉、
  大腦神經迴路、小腦神經系統

- 心靈對應：理性與感性的平衡

- 靈性對應：陰與陽的合一相融

- 能量對應：7 號花晶

- 生命奇蹟：
  用身心覺察與身體第七脈輪合作，能讓各脈輪的陰陽能量在第七脈輪交融聚合，使我們第七脈輪的外在理性特質與內在的感知感性皆能切換自如、合作無間。幫助我們能在任何場合、面對的各種關係、接觸到的人事物境……都可以自在自怡的切換，平衡物質慾望與關係情感、平衡身體與心靈、平衡人性與靈性的自我。

- 啟動鑰匙：第七脈輪身心覺察
  身體第七脈輪無分與脈輪陰陽的對應
  這是所有脈輪陰陽能量的平衡中心點
  1-3-5 脈輪的陽性能量對應行動、創造、勇敢的力量

2-4-6 脈輪的陰性能量對應耐心、創意、包容的涵融。

以上能量都在第七脈輪交匯著、再回流到第一脈輪。

當海底輪展現出行動力，會帶動太陽輪的自信之光。

第七脈輪－頂輪的最高平衡

當所有脈輪平衡揚昇，會在頂輪能量交匯

第七脈輪屬二元合一超然出世的能量中心

需要第一脈輪腳踏實地入世修行才能開展

帶著覺知在現實中進行有形相的創造行動

讓你在物質人生中體會出靈性意識的無為

使用方法 I

抽到第七脈輪－頂輪的轉化卡，代表你近期正在理性與感性的平衡中。從身體連結第七脈輪、補充頂輪的身心能量，將你正在活出的陰陽平衡、用第一脈輪的行動力顯化在各種關係中。你能理性地評估、思考、分析，提出適當又準確的抉擇或建議；也能感性的同理、交流、互信，開放恰如其分的情感連結。

使用方法 II

抽到第七脈輪－頂輪的轉化卡，代表你可以加強第七脈輪的身心覺察、補充頂輪的身心能量，允許自己發揮過去不習慣展現的能量特質。你是陰陽並存的顯化，超越性別、性別、身分。越過自我定義、放下你曾經堅守宣誓的自我特質，你可以理性又同理、冷靜又溫暖，也可以感性又理智、柔軟而力量。你是陽剛有力的自信，也是陰容一切的謙卑，外在事物將隨你的心轉而境轉。

▶ 建議落實第七脈輪身心覺察、補充頂輪的身心能量，讓物質意識與靈性意識協同發展，你能提升腦力、允許靈感流動，使想法跳脫過往經驗、讓未來擁有無限可能。

▶ 將你的覺察記錄在「見證奇蹟紀錄本」，從第七脈輪身體印記走入內在心靈，釋放小我自大的傲慢偏見、轉化小我自卑自貶的損耗，讓不可思議的生命直覺帶領你的道路。

▶ 建議搭配閱讀《全方位身心覺察自我療癒轉化生命全書》第三章「第七脈輪完整身心覺察」。

奇蹟療癒卡系列

近期可以修護的身心能量，幫助自己回歸
生命的中心力量、帶來新的轉機。

療癒卡 VIII

害怕失敗的孩子

The child who's afraid of failure

只要願意行動，
你的開始就是成功

If you are willing to act, you will
suceed in the beginning.

— 療癒卡 —
害怕失敗的孩子

- 身體對應：
  第一脈輪－海底輪
  給身體足夠的關注，注意腰椎、
  腎臟、腿部的相關症狀

- 心靈對應：害怕失敗失望、不敢行動的孩子

- 能量對應：1號花晶、財運之星、火彩油、原動力、創造力

- 奇蹟對應：第一脈輪－海底輪轉化卡

使用方法 I－解鎖鑰匙

抽到第一脈輪－海底輪的療癒卡，代表你可以帶著覺知、從外在
發生的境況覺察自己的原生家庭模式。帶著覺知從身體連結第一
脈輪、補充海底輪的身心能量，陪伴害怕做錯失敗而放棄機會的
內在小孩，釋放深層的兒時羞愧感。你會收回自我批判、自我打
擊的投射，打開自己正向行動的勇氣，帶領自己實現心之嚮往的
道途。

抽到第一脈輪－海底輪的療癒卡，代表你最近正在經歷兒時就存在的挫折感、想自我放棄的創傷感中。也許這些感受讓你懷疑自己的行動，猶豫是否該放棄、停止、或回頭，可是生命的轉化已悄然發生。帶著覺知加強第一脈輪的身心覺察、補充海底輪的身心能量，繼續做你該做的事、想做的事，重現的兒時印記將化為療癒轉化的重生過程，你正在提升內在小孩對原生家庭的連結感、自我安全感與歸屬感，生命轉化的奇蹟已湧向你。

▶ 將你的覺察記錄在「見證奇蹟紀錄本」，從第一脈輪身體印記走入內在心靈，你的身體就是原生家庭，下半身雙腿支持著你的每一步，解放害怕行動又渴望改變的自己，讓身體帶你踏出舊有模式、用生命活出蛻變的奇蹟。只要願意行動，你的開始就是成功。

▶ 更多關於海底輪的內在小孩療癒，建議搭配閱讀《全方位身心覺察自我療癒轉化生命全書》第二章「心靈對應兩極失衡」。

療癒卡 IX

只想要贏的孩子

The child who just wants to win

你真正要的是愛，
關係共好是真贏

In relationship, love is what you
really need, win-win is the real win.

— 療癒卡 —
只想要贏的孩子

- 身體對應：
  第一脈輪－海底輪
  給身體足夠的休息，注意腰椎、
  關節與骨頭的相關症狀

- 心靈對應：渴望成功優越、不敢停下的孩子

- 能量對應：1 號花晶、心靈修護、愛的彩油、親密情、關係花園

- 奇蹟對應：第一脈輪－海底輪轉化卡

使用方法 I －解鎖鑰匙

抽到第一脈輪－海底輪的療癒卡，代表你近期的行動欲望正急於
朝向某個心中目標，不小心忽略自己及別人的感受、造成關係的
矛盾。帶著覺知從身體連結第一脈輪、補充海底輪的身心能量，
釋放在原生家庭中被否定、壓抑、受挫的創傷感。療癒內在小孩
害怕不夠突出就會不被愛的信念，平衡下半身的戰鬥性能量，將
追求義個人獨好的行動力、調整為與人共好的生命能。你仍會昂
首闊步地實踐心中願景，但不失去同理他人的內在品質。你高效
率的行動力可以同時創造物質成果及和諧的關係。

抽到第一脈輪－海底輪的療癒卡，代表你正經驗兒時在原生家庭
的模式，你很怕慢、極怕輸、怕失去優越感、性表現不如人⋯⋯
求勝心使你常感焦躁不耐煩，與人之間有不自覺的攻擊感。帶著
覺知加強第一脈輪的身心覺察、補充海底輪的身心能量，從身體
釋放「害怕不夠強，就會失去愛」的內在小孩，放下強裝在外的
爭強好勝、看見長久以來被包藏在內的自卑自貶。與身體連結，
會帶領你從競爭意識的孤立無援中、進化成合作共享的豐富生
命。

▶ 將你的覺察記錄在「見證奇蹟紀錄本」，從第一脈輪身體印記
　走入內在心靈，鬆開長久以來的競爭意識，將專注力從更遠更
　大的未來收回到身體。你的身體就是原生家庭，將行動帶入共
　好共榮的願望，啟動一體生命的奇蹟。

▶ 更多關於海底輪的內在小孩療癒，建議搭配閱讀《全方位身心
　覺察自我療癒轉化生命全書》第二章「心靈對應兩極失衡」。

療癒卡 X

不敢創造的孩子

The child who's afraid about creativity

你的存在是最有價值的創造了，
你永遠不會失敗

Your being is the most valuable
creation, you never messed up.

— 療癒卡 —
不敢創造的孩子

- 身體對應：

  第二脈輪－生殖輪

  給身體足夠的信任，注意生殖婦

  科、下體泌尿、水分代謝的相關症狀

- 心靈對應：不敢突破嘗新、不敢創造的孩子

- 能量對應：2 號花晶、財運之星、情緒修護、光子寶寶霜、原動
  力、創造力

- 奇蹟對應：第二脈輪－生殖輪轉化卡

使用方法 I－解鎖鑰匙

抽到第二脈輪－生殖輪的療癒卡，代表你最近正在經歷兒時在原
生家庭中被阻斷、介入、掌控的創傷感受。過去的記憶、感受、
經驗，讓你不敢相信與發揮自己的創造力量。帶著覺知從身體連
結第二脈輪、補充生殖輪的身心能量，重現的兒時印記會化為自
我療癒的修復過程，釋放心中害怕成長獨立的內在小孩，從身體
成為自己的內在父母，帶領自己的生命成長、發揮無限可能的自
我創造。

抽到第二脈輪－生殖輪的療癒卡，代表你近期對於自我創造感到
不自信、想退縮。帶著覺知加強第二脈輪的身心覺察、補充生殖
輪的身心能量，連結兒時在原生家庭中對母親的真實感受。你對
自己好壞成敗的定義、標籤、評判，都是內在小孩想要你看見、
陪伴、療癒他的訊號。下腹部是你與母親子宮的連結，與下腹連
結就是與生命的源頭連結，讓身體帶領你知曉自己的存在就是成
功，你永遠不會失敗，你是生命最偉大的創造。

▶ 將你的覺察記錄在「見證奇蹟紀錄本」，從第二脈輪身體印記
走入內在心靈，將你的想法、感受、願景用行動顯化出來，你
的創造不分大小都會影響這個世界，這是你能送給生命的禮
物，你的存在是生命中最有價值的事物。

▶ 更多關於生殖輪的內在小孩療癒，建議搭配閱讀《全方位身心
覺察自我療癒轉化生命全書》第二章「心靈對應兩極失衡」。

療癒卡 XI

不滿創造的孩子

The child who's dissatisfied
with her creativity

每次創造的結果都是最適合你的，
就像你的存在

All of your creation is made for
you, just like your being.

— 療癒十一 —
不滿創造的孩子

• 身體對應：

  第二脈輪－生殖輪

  給身體足夠的肯定，注意生殖系統、下體泌尿、腹腸腎臟的相關症狀

• 心靈對應：渴望證明自己、創造受挫的孩子

• 能量對應：2 號花晶、情緒修護、心靈修護、光子寶寶霜、創造力、豐富力

• 奇蹟對應：第二脈輪－生殖輪轉化卡

使用方法 I－解鎖鑰匙

抽到第二脈輪－生殖輪的療癒卡，代表你正在經歷想要自我證明的壓力與不安、對得到的結果容易感到不滿。帶著覺知從身體連結第二脈輪、補充生殖輪的身心能量，釋放兒時對母親的期待與失望，療癒總是對結果不滿足、對自己不滿意的內在小孩。身體會帶領你領悟創造的真義：你得到的，都是最適合你的完美創造。

就像母親沒有條件之分、她孕育出你；你的存在，足以證明你超越好壞成敗。發自內心的滿意自己，你就看見什麼是奇蹟。

使用方法 II－解鎖鑰匙

抽到第二脈輪－生殖輪的療癒卡，代表你最近對自己創造的結果很不滿意，你懷疑自己的價值。帶著覺知加強第二脈輪的身心覺察、補充生殖輪的身心能量，釋放兒時對母親的回應感到失望失落的內在小孩，身體會帶你領略創造的意義：所有過程擁有無限可能，所有結果都無關成敗。就像母親孕育你時，你的存在被賦予無限的可能；在你誕生之後，與你的有關的一切也無關對錯成敗。你的存在就是成功，你的創造永遠不會失敗。

▶ 將你的覺察記錄在「見證奇蹟紀錄本」，從第二脈輪身體印記走入內在心靈，揮灑你的創造力量，專心投入、享受過程，無論什麼結果都是最適合你的。適合就是完美，你的存在超越完美。

▶ 更多關於生殖輪的內在小孩療癒，建議搭配閱讀《全方位身心覺察自我療癒轉化生命全書》第二章「心靈對應兩極失衡」。

療癒卡 XII

害怕面對的孩子

The child who's afraid to face
challenges

**正視自己、尊重自己，
別人自然會尊重你**

Face up to yourself respectfully.
Others will respect you naturally.

— 療癒卡 —
害怕面對的孩子

- 身體對應：

  第三脈輪－太陽輪

  給身體足夠的信任，注意胃脾胰、消化系統、循環代謝的相關
  症狀

- 心靈對應：逃離自保、不敢挺身的孩子

- 能量對應：3 號花晶、情緒修護、財運之星、Moor/ 墨泥、富裕
  彩油、寶貝肌膚

- 奇蹟對應：第三脈輪－太陽輪轉化卡

使用方法 I －解鎖鑰匙

抽到第三脈輪－太陽輪的療癒卡，代表你最近正在經歷兒時在原
生家庭中失去自我防護的驚慌與無助。帶著覺知從身體連結第三
脈輪、補充太陽輪的身心能量，連結上腹部承載的脆弱情緒，釋
放從童年時期就開始逃亡的內在小孩：逃離自己的驚恐害怕、逃
避自己需面對與爭取的責任。身體會帶你發揮挺身而出的勇氣、
守護自己的邊界，你的自重會讓人自動尊重你。

抽到第三脈輪－太陽輪的療癒卡，代表你最近正在外境中重現兒時在原生家庭中被迫壓、只能忍讓的創傷印記。帶著覺知加強第三脈輪的身心覺察、補充太陽輪的身心能量，釋放從小到大都逃離面對、忽略自我權利的內在小孩。身體會帶領你面對自己、堅定意志，讓你為己發聲、捍衛權益，這是你早已具備的內在力量，從身體打開、發揮、顯化它。

▶ 將你的覺察記錄在「見證奇蹟紀錄本」，從第三脈輪身體印記走入內在心靈，從情緒中連結自己的真實感受，你的自信超越條件，承認與面對你應得的界限，生命會守護你的安全。當你勇敢面對，外在都會尊重你的邊界。

▶ 更多關於太陽輪的內在小孩療癒，建議搭配閱讀《全方位身心覺察自我療癒轉化生命全書》第二章「心靈對應兩極失衡」。

療癒卡 XIII

奮力戰鬥的孩子

The child who's struggling hardly

卸下對人的防禦武裝，
你一直都是安全的

Just let your guard down,
you are always safe.

— 療癒卡 —
奮力戰鬥的孩子

- 身體對應：
  第三脈輪－太陽輪
  給身體足夠的放鬆，注意上腹肝
  膽、淋巴系統、皮膚系統、腎上腺素的相關症狀

- 心靈對應：總是抗爭、不敢轉身的孩子

- 能量對應：3號花晶、情緒修護、Moor/墨泥、土彩油、身心淨化、
  急救

- 奇蹟對應：第三脈輪－太陽輪轉化卡

使用方法 I －解鎖鑰匙

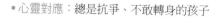

抽到第三脈輪－太陽輪的療癒卡，代表你正在重現原生家庭時期
就存在的防禦意識，好強自大的背後有個自卑苦澀的自己，來自
兒時深深刻印的被傷害感。帶著覺知從身體連結第三脈輪、補充
太陽輪的身心能量，用身體釋放總是感覺危險不安、必須用力壯
大自己的內在小孩。身體會帶你卸下戰鬥的姿態，使體內的炎熱
炎火轉為溫暖的光，讓你照亮自己的心靈深處，生命會照耀你的
人生。

抽到第三脈輪－太陽輪的療癒卡，代表你最近正因心中的不安全感、生起避免受害的防禦，而過度的自我保護會變成加害攻擊，往往種下擴大不安的反作用力。帶著覺知加強第三脈輪的身心覺察、補充太陽輪的能量，釋放兒時在原生家庭中無辜受欺、脆弱無助的創傷感受。讓身體帶你放下長久以來的逞強武裝、擊破自我防禦的城牆，在心中陪伴渴望被保護的內在小孩，帶著他放心地轉身，你會發現自己不是受害的人、你不需與人奮力戰鬥也能安然無恙。

▶ 將你的覺察記錄在「見證奇蹟紀錄本」，從第三脈輪身體印記走入內在心靈，啟動你對生命的自在信任。你太陽輪的自信之光如陽光普照，照亮你的內心與前方道路。

▶ 更多關於太陽輪的內在小孩療癒，建議搭配閱讀《全方位身心覺察自我療癒轉化生命全書》第二章「心靈對應兩極失衡」。

療癒卡 XIV

害怕擁有的孩子

The child who's afraid of owning

張開雙手擁抱自己，
大方迎接圍繞你的愛

To embrace yourself,
and welcome the love around you.

— 療癒卡 —
害怕擁有的孩子

- 身體對應：
  第四脈輪－心輪
  讓身體好好的呼吸，注意上胸上
  背、雙手胸口、胸腔乳房、心肺系統、免疫系統的相關症狀

- 心靈對應：不敢接受、不敢享有的孩子

- 能量對應：4 號花晶、財運之星、心靈修護、富裕彩油、豐富力

- 奇蹟對應：第四脈輪－心輪轉化卡

使用方法 I－解鎖鑰匙

抽到第四脈輪－心輪的療癒卡，代表你小時候對於擁有、接受的印記正在浮現。帶著覺知連結身體第四脈輪、補充心輪的身心能量，釋放童年時期在原生家庭中，曾因想被關愛而被斥責、被忽略的創傷感受。身體會帶你療癒從小到大用拒絕被愛、推開機會的自我懲罰，讓你真實接納內在小孩的渴望。你的自我接納度會同步顯化在外境中，你終於允許自己敞開心胸、接受他人的善意與愛心，成為活在愛中、享受愛的豐盛者。

抽到第四脈輪－心輪的療癒卡，代表你最近正在經歷兒童時期對於「接受、被愛」的羞愧與自責。帶著覺知加強第四脈輪的身心覺察、補充心輪的身心能量，連結從小到大不敢享有、逃離被愛的內在小孩，釋放兒時在原生家庭中因無力幫助的虧欠感、不敢要求的愧疚感。身體會帶領你看見每一個自己都是偉大生命的一部分，你對自己的自我接納度、就是向生命敞開真實擁有的能力。

▶ 將你的覺察記錄在「見證奇蹟紀錄本」，從第四脈輪身體印記走入內在心靈，擁抱每一個面向的自己，你接受會羞愧的自己、但不因此拒絕愛，你接受會內疚的自己、而不因此逃避豐盛。你是愛自己的源頭、你是擁有無限豐盛的存在，你對自己的接受度就是擁有幸福美好的程度。

▶ 更多關於心輪的內在小孩療癒，建議搭配閱讀《全方位身心覺察自我療癒轉化生命全書》第二章「心靈對應兩極失衡」。

療癒卡 XV

永不滿足的孩子

The child who's never satisfied

打開緊抓的雙手，
你會發現自己應有盡有

Release your gripping hand.
Everything is just there.

— 療癒卡 —
永不滿足的孩子

- 身體對應：
  第四脈輪－心輪
  給身體足夠的鬆動，注意上胸上
  背、雙手關節、胸腔乳房、心肺系統、免疫系統的相關症狀

- 心靈對應：總不滿足、總覺不夠的孩子

- 能量對應：4 號花晶、情緒修護、心靈修護、愛的彩油、關係花
  園

- 奇蹟對應：第四脈輪－心輪轉化卡

使用方法 I －解鎖鑰匙

抽到第四脈輪－心輪的療癒卡，代表你正在重現兒時在原生家庭
中對物質與情感的匱乏感受。帶著覺知連結身體第四脈輪、補充
心輪的身心能量，釋放內在小孩對愛不滿足的憤怒與傷心、委屈
及羞愧。豐盛與愛的真意都是一無所缺、應有盡有、平安而踏實。
讓身體帶你看見自己早已活在豐富的愛中。你發自內心的感恩是
最富裕的財寶、助你顯化相應的實相。

抽到第四脈輪－心輪的療癒卡，代表你正在經歷兒時就存在的匱乏感中，也許感到憤恨、也許覺得不平衡。帶著覺知加強第四脈輪的身心覺察、補充心輪的身心能量，從身體釋放慣用物質與關注來填滿心中空缺的內在小孩，看見自己想要更多的背後、只是內在小孩對父母的愛的吶喊，而你就是唯一可以回應自己、能夠滿足自己的人。

▶ 將你的覺察記錄在「見證奇蹟紀錄本」，從第四脈輪身體印記走入內在心靈，練習「帶著感恩的付出」，打開你對生命的覺知觀照，越過頭腦定義的設限、條件、標準，你就是豐盛富足的存在。

▶ 更多關於心輪的內在小孩療癒，建議搭配閱讀《全方位身心覺察自我療癒轉化生命全書》第二章「心靈對應兩極失衡」。

療癒卡 XVI

懦弱吞忍的孩子

The child who's in Cowardice and tolerance

抬起你的頭、發出你的聲音，
讓人聽見你

Look up and speak out.
They will hear you.

— 療癒卡 —
懦弱吞忍的孩子

* 身體對應：
  第五脈輪－喉輪
  從身體聽見自己，注意左肩頸、口腔牙齒、腮腺淋巴、支氣管、甲狀腺的相關症狀

* 心靈對應：不願表達、不敢表態的孩子

* 能量對應：5 號花晶、意識轉化、財運之星、靈性修護、氣結彩油、轉換力

* 奇蹟對應：第五脈輪－喉輪轉化卡

使用方法 I－解鎖鑰匙

抽到第五脈輪－喉輪的療癒卡，代表你正在經歷從小到大不願表達、溝通、說明的模式。帶著覺知連結身體第五脈輪、補充喉輪的身心能量，釋放兒時在原生家庭中不被聆聽、備受忽略的創傷感受。身體會帶你療癒抗拒溝通的背後是害怕不被理解、卻又渴望能被接納的內在小孩。從身體聆聽自己的情緒想法、內在感受，對著自己真實的坦承說出。當你願意在心中面對自己，你會看見

現實中自己應負的責任，其中之一就是真實的表達自己、讓自己及別人看見也聽見你，內外如一的宣誓讓你重拾生命的主導權。

使用方法 II －解鎖鑰匙

抽到第五脈輪－喉輪的療癒卡，代表你正在浮現童年時期不被理解，甚至總被誤解受傷感。如果外境有讓你受困奮力掙扎或侵略操控的失衡權威，背後是渴望被看見、被靠近、被認同、被接受。誠實的表達自己。帶著覺知加強第五脈輪的身心覺察、補充喉輪的身心能量，釋放兒時在原生家庭中受到壓制、長期隱忍的內在孩子。當你願意自我負責，並勇敢表現與溝通，也能允許別人的認同或不認同，身體會帶領你認出自己是唯一的權威，外在權威將不復存在。

▶ 將你的覺察記錄在「見證奇蹟紀錄本」，從第五脈輪身體印記走入內在心靈，聆聽自己的聲音、說出你的真心話語，你的表達是宣誓自我主導的力量，自我忠誠的力量會帶你領導自己也影響別人，成為生命奇蹟的領航者。

▶ 更多關於喉輪的內在小孩療癒，建議搭配閱讀《全方位身心覺察自我療癒轉化生命全書》第二章「心靈對應兩極失衡」。

療癒卡 XVII

強勢霸道的孩子

The child who's bossy.

將你的頭低下來，把內在的真心話
說出來

Bow your head. Look inside. Let
the true words flow.

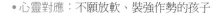

療癒卡
強勢霸道的孩子

- 身體對應：
  第五脈輪－喉輪
  讓身體表達自己，注意右肩頸、
  口腔牙齒、腮腺淋巴、支氣管、甲狀腺的相關症狀

- 心靈對應：不願放軟、裝強作勢的孩子

- 能量對應：5 號花晶、意識轉化、心靈修護、靈性修護、氣結彩
  油、叛逆心

- 奇蹟對應：第五脈輪－喉輪轉化卡

使用方法 I－解鎖鑰匙

抽到第五脈輪－喉輪的療癒卡，代表你正在關係中浮現童年時期
在原生家庭的表達模式。帶著覺知加強第五脈輪的身心覺察、補
充喉輪的身心能量，從身體連結從小就必須抗爭自保、捍衛自己、
堅毅不屈的內在小孩，身體會帶你看見外境映照的是兒時的你與
父母的關係，釋放背後的委屈心酸、害怕示弱。你能鬆開強勢捍
衛的外裝，用心去面對與感受自己與別人，成為自己的生命領袖，
也對別人具有真正的影響力。

抽到第五脈輪－喉輪的療癒卡，代表你最近正在面對與人之間的
相處起伏，源自你兒時面對父母就存在的矛盾與衝突。帶著覺知
連結身體第五脈輪、補充喉輪的身心能量，釋放兒時被迫早熟堅
強、分擔責任、壯大自己的創傷感受。你的急躁與強悍之下，有
著不為人知的悲傷、難過、脆弱，從身體療癒還沒長大、心酸辛
勞、也想停靠的內在小孩。你的強勢外殼會開始柔軟，你會比以
前更有力量，來自你的敞開、同理、放軟自己，這樣的你既有領
導力又能帶領人心。

▶ 將你的覺察記錄在「見證奇蹟紀錄本」，從第五脈輪身體印記
走入內在心靈，帶著覺知真實的面對自己、自我負責的內在臣
服，會突破原本堅固不拔的防衛，讓生命之力陰陽融合、可強
可柔、能軟能剛，使生命富有無限可能的彈性，成為自己的領
航者。

▶ 更多關於喉輪的內在小孩療癒，建議搭配閱讀《全方位身心覺
察自我療癒轉化生命全書》第二章「心靈對應兩極失衡」。

療癒卡 XVIII

活在幻想的孩子

The child who's living in a fantasy

張開你的眼睛看看自己，真相就在現實裡

Open your eyes and look at yourself. The truth is in reality.

— 療癒卡 —
活在幻想的孩子

- 身體對應：

  第六脈輪－眉心輪

  從身體看清現實，注意臉部五官、左邊頭部、左邊眼耳、神經系統的相關症狀

- 心靈對應：不願清醒、只想作夢的孩子

- 能量對應：6 號花晶、靈性修護、意識轉化、財運之星、光子眼霜、磁波防禦

- 奇蹟對應：第六脈輪－眉心輪轉化卡

使用方法I－解鎖鑰匙

抽到第六脈輪－眉心輪的療癒卡，代表你對自己在進行的事項、經歷的事物、得到的結果感到落差而不滿意，這是你長久以來熟悉的感覺，你總想找尋比現在更好的方法或對象，或努力追求比現在更完美的形象。帶著覺知連結身體第六脈輪，補充眉心輪的身心能量，釋放兒時在原生家庭中被挑剔、被嫌棄的創傷感受。身體會帶你看見自己一直以來的模式：不滿現狀、不滿自己、總是不滿意，背後是同一個渴望被肯定、被讚賞的內在孩子。當你

願意從身體連結自己，你會從外在追尋轉向內在尋獲，你一直都完整無缺、不必完美就很美好。

使用方法 II－解鎖鑰匙

抽到第六脈輪－眉心輪的療癒卡，代表你最近對自己與外境感到失望，你認為應該有比現況更好的結果。帶著覺知加強第六脈輪的身心覺察、補充眉心輪的身心能量，身體會帶你看見：長大後所發生的所有失望、來自從小在原生家庭中所接收到的眼神；你對父母的眼神失望、你對被這樣看待的自己失望。連結失望背後渴望被肯定、被讚美、被欽羨的內在小孩，釋放自己的自卑與羞愧，你會停止追逐夢幻泡影，在自己身上發展出奪目之光：因為你與身體合作、與自我連結、得到被生命真相支持的力量。

▶ 將你的覺察記錄在「見證奇蹟紀錄本」，從第六脈輪身體印記走入內在心靈，看見自己的真相，你不需要追求更好的自己。偉大的生命是平凡日常的累積，腳踏實地的生活就是讓你夢想成真、在世覺醒的方法。

▶ 更多關於眉心輪的內在小孩療癒，建議搭配閱讀《全方位身心覺察自我療癒轉化生命全書》第二章「心靈對應兩極失衡」。

療癒卡 XIX
現實主義的孩子

The child who's living in realism

閉上充滿批判的眼睛，你看見的都是自己

Close your judgemental eyes. Everything you see is yourself.

—療癒卡—
現實主義的孩子

- **身體對應：**
  第六脈輪－眉心輪
  從身體看見自己，注意臉部、右邊頭部、右邊眼耳、神經系統的相關症狀

- **心靈對應：**不願接受、只想批判的孩子

- **能量對應：**6 號花晶、靈性修護、意識轉化、心靈修護、光子眼霜、寧靜心

- **奇蹟對應：**第六脈輪－眉心輪轉化卡

使用方法 I －解鎖鑰匙

抽到第六脈輪－眉心輪的療癒卡，代表你對外境有著深深的不認同感、並且氣憤失望到無力感。帶著覺知連結身體第六脈輪、補充眉心輪的身心能量，身體會帶你連結背後的真相：是你內在對自己深深的不認同，總是對不夠完美的自己感到氣憤、失望、無力。從身體釋放在原生家庭中怎樣都不被滿意、再努力也不被肯定的創傷感受，療癒不斷自我批判、嫌棄的內在小孩。你會看見一切的不順與痛苦是來自你對自己的評判與標準；當你走入內在

真相、轉化看待事物的眼光，實相映照著你的真相，你的外境都
會變得順心滿意。

使用方法 II －解鎖鑰匙

抽到第六脈輪－眉心輪的療癒卡，代表你長期以來認為外在事物
都不符合自己對錯好壞的標準，總是難以欣賞、認同、接受，經
常批判、否定、不滿。

帶著覺知加強第六脈輪的身心覺察、補充眉心輪的身心能量，讓
身體帶你看見總是對外批判的背後，是你在心中數落自己不夠完
美的真相。這是你兒時在原生家庭的創傷感受：努力了也不被認
可、表現再好也不夠優秀。讓身體幫助你釋放「拚命追求完美、
只是想要被愛」的內在小孩，你會放下完美主義，發現自己真正
想要的是什麼，並用心靈之眼看見「你所想要的，早在你之內」。

▶ 將你的覺察記錄在「見證奇蹟紀錄本」，從第六脈輪身體印記
走入內在心靈，用智慧之眼看見自己的真相，你會停止找尋追
逐、放下條件標準，順應生命自然、允許如其所是。所謂的完
美就是完整的你，而完整的你毋須完美。

▶ 更多關於眉心輪的內在小孩療癒，建議搭配閱讀《全方位身心
覺察自我療癒轉化生命全書》第二章「心靈對應兩極失衡」。

療癒卡 XX
過度感性的孩子
The child who's over-sensitive

過多感受是入戲，
從身體連結自己

Those feelings are just a play. Let
the body brings you back.

— 療癒卡 —
過度感性的孩子

- 身體對應：
  第七脈輪－頂輪
  從身體面對自己，注意左邊頭
  臉、神經系統的相關症狀

- 心靈對應：過多感知、活在故事的孩子

- 能量對應：7 號花晶、靈性修護、意識轉化、財運之星、學習力、
  專注力

- 奇蹟對應：第七脈輪－頂輪轉化卡

使用方法 I －解鎖鑰匙

抽到第七脈輪－頂輪的療癒卡，代表你正在經歷許多感性感受的
過程。你外在看似易受觸動，內心對自己卻如隔層膜。帶著覺知
連結身體第七脈輪、補充頂輪的身心能量，釋放兒時在原生家庭
中就已存在的創傷情緒感受。身體會帶你看見一直以來種種故
事中的感動或觸發，都是藉由外在的人事物境、包藏內心的真實
感知。相同的故事劇情早就發生過，讓身體帶你回到自我實相，
在清明照見中重新選擇、全新創造。

抽到第七脈輪－頂輪的療癒卡，代表你正在某些關係或個人起伏中感到迷惑迷惘。外在境遇及內在瓶頸的背後，只是長久以來忽略自己真實感受的結果。帶著覺知加強第七脈輪的身心覺察、補充頂輪的身心能量，讓身體帶你釋放兒時在原生家庭中沒有被支持表達、允許流動的內在孩子。從身體中喚醒自己，不再無中生有的迷糊沉溺，你的理智意識會清晰醒覺、既有力量也擁有正確的感性感知。

▶ 將你的覺察記錄在「見證奇蹟紀錄本」，從第七脈輪身體印記走入內在心靈，你能富有情感、又不失正確的判斷，你能連結他人、而不過度敏感。當陰性能量平衡於陽性之力的崛起，你能自在切換理性與感性、成為陰陽平衡的存在。

▶ 更多關於頂輪的內在小孩療癒，建議搭配閱讀《全方位身心覺察自我療癒轉化生命全書》第二章「心靈對應兩極失衡」。

療癒卡 XXI
過度理性的孩子
The child who's over-rational

放下你自以為的知道，
允許無限的可能性

Forget what you think you know,
embrace the infinite possibility.

— 療癒卡 —
過度理性的孩子

- 身體對應：
  第七脈輪－頂輪
  從身體感受自己，注意右邊頭
  臉、神經系統的相關症狀

- 心靈對應：過度思考、活在頭腦的孩子

- 能量對應：7 號花晶、靈性修護、意識轉化、心靈修護、兒童心
  靈、理性與感性

- 奇蹟對應：第七脈輪－頂輪轉化卡

使用方法 I －解鎖鑰匙

抽到第七脈輪－頂輪的療癒卡，代表你對外境感到不以為然，卻
又身在其中無所適從。帶著覺知連結身體第七脈輪、補充頂輪的
身心能量，從身體釋放不為人知的情緒感受、從未被面對過的內
在孩子。從小必須是個小大人，冷靜以對、表現穩重，幾乎沒有
天真浪漫的想法，也不信任幸運發生的可能。讓身體帶領你療癒
自己，使你仍有理性理智而不頑固、沉靜沉穩而不冷漠；使你能

正確地運用頭腦、展現聰明靈快，同時允許陰性能量的直覺靈感，讓你理性感性都平衡。

使用方法 II－解鎖鑰匙

抽到第七脈輪－頂輪的療癒卡，代表你長期習慣保有的質疑評判與防備，已為你帶來動彈不得的束縛感。帶著覺知加強第七脈輪的身心覺察、補充頂輪的身心能量，身體會帶你看見超理性的特質之下，是從未被耐心傾聽、被真實理解、未曾感到安全安心的內在小孩。身體會帶領你不再執著於過往經驗，你不需害怕被欺騙、被背叛而刺蝟般的防禦自己。你可以有分析評估的智性、又有敞開信任的心性，讓你不同身分都能彈性自如、跳脫舊有經驗活出新的道路。

▶ 將你的覺察記錄在「見證奇蹟紀錄本」，從第七脈輪身體印記走入內在心靈，平衡全身陰陽對應的能量點。你不需更溫柔或更有力，你在不同時刻可以展現不同的自我。當你每一個面向都是真實自在、最適合當下的樣子，生命的奇蹟就顯化在每一時每一刻中。

▶ 更多關於頂輪的內在小孩療癒，建議搭配閱讀《全方位身心覺察自我療癒轉化生命全書》第二章「心靈對應兩極失衡」。

奇蹟覺察卡系列

代表近期適合發展的生命潛質，會帶來個
人成長與自我突破、使生命擴展。

覺察卡 XXII

流動生命之氣使氣結釋放

Flow the aura of life.
Release Essence.

——覺察卡——
流動生命之氣使氣結釋放

- 視覺療癒：
  深邃靜蘊的墨綠色

- 身體對應：全身七脈輪

- 心靈對應：
  打通身體氣脈、活化生命之氣的
  孩子

- 靈性對應：轉化身體風水

- 能量對應：氣結釋放、氣結彩油、光子花鑰霜、能量

氣結釋放覺察卡對應全身七脈輪

身體的氣脈是「風水」的「風」，對應無形無相的大宇宙能量場；身體的血脈是「風水」的「水」，對應有形有相的物質世界的顯化。當內在有尚未化解的創傷凍結，會使身體的無形氣脈（風）堵塞、影響身體的有形血脈（水）不順，形成結節、囊塊、甚至腫瘤，進一步成為症狀、疾病；身體部位所對應的無形心靈（信念與情緒）及有形物質（命運的模式）也會一併失衡。

使用方法 I

抽到氣結釋放的覺察卡，代表你近期對身體的覺察與內在的覺知、讓身心狀態進入更精微的自我整合。你願意越過事件表相、對自己探索更真實的內在源頭。繼續落實身心覺察、補充對應全身氣脈的身心能量，讓身體無形的氣脈通暢、帶動物質性的血脈。血脈又對應第一脈輪原生家庭，是物質生命的根基；第一脈輪是往上影響各大脈輪的平衡，原生家庭則影響個人所有的人生模式；當身體的氣血循環流暢，將開啟全身各大脈輪的平衡點，對應身體氣結點的人生課題也會有所改變。

使用方法 II

抽到氣結釋放的覺察卡，代表你正從外在顯化的境況、走向內在自我的覺察。氣結即心結，外在的阻礙對應身體的凍結。氣結釋放覺察卡呼應你抽到的其他張奇蹟卡，其身心對應主題便是你現在適合深入的自我覺察方向。帶著覺知加強對應的身心覺察、補充氣結釋放的身心能量，讓你的身體氣脈更加流暢，幫助你的覺察覺知走向更精微的心靈之境，讓流動的身體氣脈顯化在物質人生中、轉化原有的命運模式。

▶ 將你的覺察記錄在「見證奇蹟紀錄本」，從身體印記走入內在心靈，身體氣脈明點反映心靈意志、投射在外境實相裡。氣結釋放如釋放心靈凍結，助你從果入因、改變自己。

覺察卡 XXIII

讓心靈修護你的陰性之愛

Let the Love and Light Essence
heals your inner mother.

— 覺察卡 —
讓心靈修護你的陰性之愛

- 視覺療癒：

  溫柔守護的粉色之光

- 身體對應：第 2-4-6 脈輪

- 心靈對應：

  柔性自愛、呵護善待自己

- 靈性對應：平衡正向陽性的陰性能量

- 能量對應：心靈修護、愛的彩油、大地之母

心靈修護覺察卡對應身體 2-4-6 脈輪

身體 2-4-6 脈輪是與內在感知連結的陰性能量中心，對應內在自我、與人互動、所有關係中都能讓愛與善意敞開流動的內在陰性之能。當 2-4-6 脈輪能量凍結，會誤信自己必須堅韌耐苦、不可軟弱；使第二脈輪的創造力事與願違、第四脈輪的擁有力侷限自斥、第六脈輪的洞察力成為自貶批判。讓自己無感於生命之愛，與自己及他人的關係也難以真實親密。

使用方法 I

抽到心靈修護的覺察卡，代表你近期的陰性能量充盈，可以柔軟的待己待人。帶著覺知連結 2-4-6 脈輪，補充對應的身心能量；讓第二脈輪的創造力正向平衡、第四脈輪的自愛能力如內在母親般的柔軟涵融、第六脈輪的洞察力無懼又寬容的真實照見自己與他人。你能柔能剛、兩者並存，可以輕盈放鬆的自我陪伴，也能富有力量的滋養他人。

使用方法 II

抽到心靈修護的覺察卡，代表你近期陰性能量較為起伏；陰生陽，連帶干擾著你的陽性展現，對未來的信念充滿壓力。帶著覺知加強身體 2-4-6 脈輪的覺察，補充對應心靈修護的身心能量，讓你平衡內在陰性之愛的流動，將自己本有的內在母親的柔愛一一流向內在小孩最渴望被包容、被滋養、被填補的愛的渴求。幫助自己以內在母親之姿，去聆聽、陪伴、照養內在小孩（自己）成長，讓愛的奇蹟從你流向身邊的所有關係。

▶ 將你的覺察記錄在「見證奇蹟紀錄本」，從身體印記走入內在心靈，讓你內在的陰性被平衡展現，使你與自己及所有存在的關係如花果般滋味豐足、感到幸福。

▶ 更多關於陰性能量與女性自我的深度覺察，建議搭配閱讀《全方位身心覺察自我療癒轉化生命全書》第二章「第二脈輪陰性之源」、「第四脈輪陰性自我」。

覺察卡 XXIV

情緒修護生命能量的運轉

Recovery Emotional Essence
heals the movement of life energy.

——覺察卡——
情緒修護生命能量的運轉

- 視覺療癒：
  溫暖包容、孕育新生的亮橘色

- 身體對應：第 2-3 脈輪

- 心靈對應：
  修護對父母的情緒

- 靈性對應：修護對自己的情緒

- 能量對應：情緒修護、急救

情緒修護覺察卡對應身體 2-3 脈輪

情緒是無形無相的能量，身體是有形有相的載體，每一個身體部位都有對應的情緒感受。身體 2-3 脈輪是消化系統中心，含肉體消化系統及情緒消化系統。當我們因為原生家庭的創傷經驗而錯誤對待情緒感受，身體會無意識的承接被壓抑、抗拒、逃避的情緒。情緒印記會讓身體不適、並轉為長期症狀，再進一步便釀成相關的疾病。當身體儲存所承接的情緒能量，也會顯化在身邊的人事物境中，造就某種特定的命運模式。

使用方法 I

抽到情緒修護的覺察卡，代表你比以前更能陪伴所升起的情緒感受。帶著覺知加強第 2-3 脈輪的身心覺察、補充對應情緒修護的身心能量，從身體連結原生家庭父母親的情緒模式，讓身體帶你看見自己與父母慣有的情緒特質。真正主導你或招致起伏的並非中性的情緒能量，而是自原生家庭起就錯誤堆疊的情緒印記。情緒能量就是生命能量，持續與身體連結，讓每種情緒感受豐富你的生命，你能與情緒安然共處，不執著也不抗拒，在覺知中享有物質人生的多幻無常。

使用方法 II

抽到情緒修護的覺察卡，代表你正在以某種情緒感受看見更真實的自己；也許是你過去害怕面對的情緒、或總是用理智去否定的感受，這些模式自你出生前就存在了，如今你正在面對與療癒自己的過程中。帶著覺知加強第 2-3 脈輪的身心覺察、補充對應情緒修護的身心能量，讓身體帶領你揭開抗拒或沉溺情緒感受的真相，來自你對父母與自己的錯看及逃避。面對、看見的一刻就是鬆綁與自由，情緒對你就如天氣，可以有喜好、但無分善惡，是晴或雨都不影響你的存在本質。

▶ 將你的覺察記錄在「見證奇蹟紀錄本」，從身體印記走入內在心靈，讓身體帶領你釋放、經驗每一種情緒能量。允許所有面向的自己，你就是一位豐盛富足的奇蹟顯化者。

▶ 更多關於情緒能量的深度覺察，建議搭配閱讀《全方位身心覺察自我療癒轉化生命全書》第一章「詳解身體的真相－情緒印記」。

覺察卡 XXV

活得天真燦爛如兒童心靈

Live a bright and innocent life as
a spirit of Angel Essence.

覺察卡
活得天真燦爛如兒童心靈

- 視覺療癒：
  晴天綻放的天藍色

- 身體對應：第 1-2-4 脈輪

- 心靈對應：
  返樸歸真的童心

- 靈性對應：成熟的內在父母

- 能量對應：兒童心靈、光子寶寶霜、親密情

兒童心靈覺察卡對應身體 1-2-4 脈輪

身體第一脈輪紀錄著 0 至 7 歲的原生家庭印記；身體第二脈輪記錄著出生前後與母親的關係印記；第四脈輪記錄著成長過程至成年後與自我自愛的關係印記。當 1-2-4 脈輪能量堵塞，會被過度理性嚴肅的成人意識局限，汲汲營營的防禦著生活創意與新機，遺忘內在孩童的純粹天真，無法信靠真實生命的慈悲柔愛。

使用方法 I

抽到兒童心靈的覺察卡，代表你正在釋放原生家庭的兒時印記。帶著覺知加強 1-2-4 脈輪的身心覺察、補充對應兒童心靈的身心能量，身體會帶領你放下僵硬緊繃的表意識，學習如何照養潛意識的內在孩子、成為自己的內在父母，明白真正的成熟是具有孩童般的天真活潑與信任，讓你在無常的人生中也笑得燦爛天真。

使用方法 II

抽到兒童心靈的覺察卡，代表你正從外在事件經驗原生家庭的兒時印記，帶著覺知加強 1-2-4 脈輪的身心覺察、補充對應兒童心靈的身心能量，讓身體帶領你放下成人自我的內在防禦，利用被勾起的情緒感受陪伴童年時期就存在的情感失落，減少投射於外的傷害故事。用身體覺察打開內在空間，允許自己的幼稚念頭、接納最童真奔放的自我，你就是內在小孩最渴望的內在父母。

▶ 將你的覺察記錄在「見證奇蹟紀錄本」，從身體印記走入內在心靈，釋放自己與父母的童年印記，讓人生從過往重疊走向新的開始。

▶ 更多關於兒時印記的深度覺察，建議搭配閱讀《全方位身心覺察自我療癒轉化生命全書》第一章「身體儲存胚胎時期、出生時期、成長過程的兒時印記」。

覺察卡 XXVI

展現自我光芒如財運之星

Achieve your vision in the
Supporting Light.

— 覺察卡 —
展現自我光芒如財運之星

- 視覺療癒：

  光芒閃耀的金黃之光

- 身體對應：第 1-3-5 脈輪

- 心靈對應：

  實現願景藍圖的力量

- 靈性對應：啟發陽性能量的顯化

- 能量對應：財運之星、富裕彩油、原動力

- 奇蹟對應：海底輪、太陽輪、喉輪

財運之星覺察卡對應身體 1-3-5 脈輪

身體 1-3-5 脈輪是對應向外實踐、展現、表態的陽性力量中心。
當身體 1-3-5 脈輪能量凍結，會讓第一脈輪行動力拖延或過激、
第三脈輪展現力封閉或自大、第五脈輪表達力壓抑或頑強。使人
不敢展現自己的專長與才能、或總是用力拚命也得不到想要的結
果。

使用方法 I

抽到財運之星的覺察卡，代表你近期的身體有充足的能量、內在也有足夠的陽性力量。帶著覺知連結 1-3-5 脈輪、補充對應的身心能量；讓第一脈輪的行動力調頻校準在「快、精、準」的正向平衡中、第三脈輪的自信之光能勇於以各種姿態展現自己、第五脈輪的影響力會以穿透他人的表達之聲發送。讓人無懼的把握實現夢想藍圖的機緣，主動開創個人的成功與成就。

使用方法 II

抽到財運之星的覺察卡，代表你近期陽性力量的流動有所干擾與波盪。你渴望陽性之能的創造與顯化，但內在的自疑讓你不敢展現、糾結於失誤挫敗的想像、停留在「現在還不夠好、未來有一天再說」的延遲中。在陽性力量凍結下貿然行動，固然易發生不合期待的結果，但拖延內耗並非你最好的選擇。帶著覺知加強身體 1-3-5 脈輪的覺察、補充對應財運之星的身心能量，讓你平衡內在陽性之能的流動、脫離內耗自疑的困惑，以正向的勇敢發揮膽識與魄力，落實創造外在成功成就的豐盛行動。

▶ 將你的覺察記錄在「見證奇蹟紀錄本」，從身體印記走入內在心靈，讓你內在的陽性被平衡展現，使你的個人創造如黃金般璀璨耀眼。

覺察卡 XXVII
專注當下打開全能學習力

Be present to enlighten the Focus ability.

— 覺察卡 —
專注當下打開全能學習力

- 視覺療癒：

  清澈凝聚的透亮黃光

- 身體對應：第三脈輪－太陽輪

- 心靈對應：

  內化所知所學所經驗

- 靈性對應：活在當下的專注力

- 能量對應：學習力、專注力

學習力覺察卡對應 3-5-7 脈輪

身體 3-5-7 脈輪是理性能量中心，幫助一個人的邏輯架構、建立秩序、組織能力。第三脈輪能量失衡，會讓人難以內化所知所學，使學習流於膚淺、沒有內涵；第五脈輪能量不順，會較難表達所學內容，不易學以致用、發揮所長；當第七脈輪的能量失調，會減弱腦力、反應變慢、注意力不集中，讓學習成效低下、事倍功半。

使用方法 I

抽到學習力的覺察卡，代表你近期正在內化自我成長的知識與經驗。帶著覺知連結 3-5-7 脈輪、補充對應學習力的身心能量；第三脈輪提升消化學習內容的能力、第五脈輪強化分享傳遞所學的力量、第七脈輪發展聰明才智的能量。讓身體打開你的學習能力，不只局限形式上的知識、書本、課程，而是擴展到每一時每一刻的生活中。你會超越智識的聰明，用智慧向生命學習，你的存在是有形無形的教學者。

使用方法 II

抽到學習力的覺察卡，代表你最近正在檢視自己的學習內涵。帶著覺知連結 3-5-7 脈輪、補充對應學習力的身心能量。讓身體帶你進入真正的學習，就算面對挫折困頓也能從中吸取經驗，幫助自我成長，不再只是無名無覺地陷入並重蹈覆轍。當學習的能力擴充到日常裡，你將不再抓取填充更多的知識理論，外在世界會呼應你發自內心的自我賞識、讓你自然展現天賦才華。

▶ 將你的覺察記錄在「見證奇蹟紀錄本」，從身體印記走入內在心靈，帶領自己有效學習，覺察身體就是活在當下，幫助你在生活中學以致用，將學習成為生命的滋養。

▶ 建議搭配閱讀《全方位身心覺察自我療癒轉化生命全書》第二章之七「內在創傷影響學習力與專注力」。

覺察卡 XXVIII
身體修護你的內在連結力

Physical light heals your inner connection.

— 覺察卡 —
身體修護你的內在連結力

• 視覺療癒：
 修護一切的大地綠光

• 身體對應：全身七脈輪

• 心靈對應：
 修護身體的復原力

• 靈性對應：修護外傷裡的自傷

• 能量對應：身體修護、光子花鑰霜

身體修護覺察卡對應全身七脈輪

身體是潛意識的顯化器，外在世界都是反映內在心靈的實況。當身體發生意外事故或受傷耗損，是來自心中存在已久的「內在自傷」。如果對身體沒有連結，便會持續將自我傷害的信念以各種方式顯化於外：意外災禍事故、切割燙傷破口、局部撞傷扭傷、體能透支損耗、情緒壓抑成疾、情感自發被虐……。

使用方法 I

抽到身體修護的覺察卡，代表你近期正從外在事件看見自傷自耗的線索。帶著覺知加強身體不適或受傷部位的覺察、補充對應身體修護的身心能量，從身體看見肉體受傷損耗的真相，將一併認出外在事件的投射。當你從身體連結心靈、讓內在自傷的情緒能量流動，身體會啟動自我修護的療癒力，改變散發而出的吸引力法則、不需再創造外傷事故與被傷害的故事劇情。

使用方法 II

抽到身體修護的覺察卡，代表你正在經驗某種身體症狀。帶著覺知加強身體不適或受傷部位的覺察、補充對應身體修護的身心能量。身體會帶你看見背後的潛意識信念，讓發生的外在事件成為自我療癒的契機，從原本無辜無助的懼怒防禦中停止自傷受害、再傷人加害的連動力。你的身體有最好的復原力，你不需再當自傷者，你是幫助自己也協助他人的療癒者。

▶ 將你的覺察記錄在「見證奇蹟紀錄本」，從身體印記走入內在心靈，從外在發生覺察自己、認出並收回投射；身體是你的療癒師，你與身體的關係、就是成為自己最好的療癒師的能力。

▶ 更多關於身體吸引力法則的自我覺察，建議搭配閱讀《全方位身心覺察自我療癒轉化生命全書》第一章「身體是看得見的潛意識吸引力法則」。

覺察卡 XXIX
意識轉化擴大生命的格局
Awareness transformed expands your limit.

— 覺察卡 —
意識轉化擴大生命的格局

• 視覺療癒：
陽光照射、清澈如海的淡藍色

• 身體對應：第 5-6-7 脈輪

• 心靈對應：
打破僵固的思維

• 靈性對應：擴大生命的格局

• 能量對應：意識轉化、轉換力

意識轉化覺察卡對應身體 5-6-7 脈輪

5-6-7 脈輪是上三輪的靈性能量中心，如宇宙海洋般浩瀚無垠的意識層次。當 5-6-7 脈輪能量僵化，會將自己限制在過去的創傷命運中，生命格局也受困在只能求生的匱乏模式裡，具有攻擊性的防禦心、不由自主與人疏離，使人生毫無新意、感覺苦悶。

使用方法 I

抽到意識轉化的覺察卡，代表你近期的想法、思維、行動都有足夠的彈性。帶著覺知連結 5-6-7 脈輪、補充對應的身心能量，意識的層次決定生命的格局，當上三輪的能量被活化且平衡，心境能如魚得水、彷彿在海洋中自在遨遊。能以宏觀的視野運用下三輪的行動力與創造力，在關係中顯化和諧又有創意的情感連結、在物質上能顯化助己助人的充足資源。你發生的一切都不是偶然，身體正帶領你邁向生命擴展的奇蹟旅程。

使用方法 II

抽到意識轉化的覺察卡，代表你非常渴望自我突破，你不想再堅守早已不適用的受苦信念，你願意接受新的機會與改變。帶著覺知加強身體 5-6-7 脈輪的覺察、補充對應意識轉化的身心能量，打開固執狹隘的防禦思維，提升個體的宏觀視野，破除小我恐懼不安、匱乏短缺的憂患信念，讓意識如池塘小魚進入廣大的生命之海中擴大自我。

▶ 將你的覺察記錄在「見證奇蹟紀錄本」，從身體印記走入內在心靈，無限的擴展來自你的意識轉化，讓無形的意識層次帶領有形的生命蛻變。

覺察卡 XXX
靈性修護小我的分裂意識
Spiritual light heals the seperation from ego.

— 覺察卡 —
靈性修護小我的分裂意識

- 視覺療癒：
  深邃智慧的深靛色

- 身體對應：第 5-6-7 脈輪

- 心靈對應：
  修護小我錯看靈性的眼光

- 靈性對應：啟動本有的內在靈性智慧

- 能量對應：靈性修護、神聖轉化

靈性修護覺察卡對應身體 5-6-7 脈輪

身體 5-6-7 脈輪是靈性能量中心，是「身 - 心 - 靈」三大階梯的「靈性階梯」。第五脈輪對應自我臣服降伏於己；身體第六脈輪對應心靈之眼洞察真相；身體第七脈輪對應超脫頭腦陰陽融合。當 5-6-7 脈輪的能量堵塞，會受困於物質表相中，盲目信拜小我為師，切斷直覺靈感的訊號，使生命總是奮力掙扎、深有苦無出路之感。

使用方法 I

抽到靈性修護的覺察卡，代表你正在經驗流淌於生活中的靈性智慧。帶著覺知加強 5-6-7 脈輪的身心覺察、補充對應靈性修護的身心能量，身體會帶你看見靈性是原所具有的本心自性，毋須被教導也無從學習。覺察身體會接收到靈性智慧指引，幫助你將靈性意識結合現實、成為生活的實相。

使用方法 II

抽到靈性修護的覺察卡，代表你正從外在的境遇中省思何謂靈性意識。帶著覺知加強 5-6-7 脈輪的身心覺察、補充對應靈性修護的身心能量，身體會帶領你看見靈性真相、不再沉迷於小我追尋的靈性幻夢。當你從身體整合自己，對生命真相會有驚鴻一瞥、真實感知到內在本所具有的靈性之境。

▶ 將你的覺察記錄在「見證奇蹟紀錄本」，從身體印記走入內在心靈，讓身體帶你在覺察中生起臣服的願心，使本有的靈性主導你的生命奇蹟。

▶ 更多關於靈性意識的深度覺察，建議搭配閱讀《全方位身心覺察自我療癒轉化生命全書》第三章「身心覺察就是靈性修行」、「連結身體，靈性不攻自破」。

覺察卡 XXXI
恬美夢境鬆開頭腦表意識

Sweet Dream releases couscious
from mind.

— 覺察卡 —
恬美夢境鬆開頭腦表意識

- 視覺療癒：
  恬靜沉澱的透藍光

- 身體對應：第 5-6-7 脈輪

- 心靈對應：
  難以入睡、穩定安眠的心

- 靈性對應：不願放下執著的小我恐懼

- 能量對應：恬美夢境、風彩油、寧靜心

恬美夢境覺察卡對應 5-6-7 脈輪

身體 5-6-7 脈輪是靈性能量中心，當 5-6-7 脈輪能量凍結，會使人抗拒無形的大我能量場域，內心只偏執於有形的物質形式，被表面的人生故事占據心靈，不易對自我真相產生覺察洞見。第五脈輪會無法臣服、發生肩頸氣管等問題；第六脈輪易對真相視而不見，有眼睛不適、神經衰弱等症狀；第七脈輪易理性感性失衡，使人頭痛、頑固執著。

使用方法 I

抽到恬美夢境的覺察卡，代表你近期進入更大的自我擴展中。帶著覺知連結身體 5-6-7 脈輪、補充對應恬美夢境的身心能量，讓第五脈輪提升自我負責、降伏於己的力量；第六脈輪提升向內洞察、看清幻象的能量；第七脈輪交托給生命大我的引領、在深度睡眠中超脫人間劇碼，以更高維度洞見自我真相。

使用方法 II

抽到恬美夢境的覺察卡，代表你近期更能放下執著、安穩沉靜於睡夢之中。帶著覺知加強身體 5-6-7 脈輪的覺察、補充對應恬美夢境的身心能量，讓身體帶領頭腦進入「放鬆、放過、放下」的深度睡眠，鬆開小我對物質世界的執著抓取，讓你在深度睡眠中進入與「大我、靈性、真相」連結的時刻。

▸ 將你的覺察記錄在「見證奇蹟紀錄本」，從身體印記走入內在心靈，讓你在睡眠時放下物質自我的抗拒，進入潛意識大我的連結中。

▸ 更多睡眠相關的深度自我覺察，建議搭配閱讀《全方位身心覺察自我療癒轉化生命全書》第二章「第六脈輪之睡眠障礙 VS 小我幻象執著」。

覺察卡 XXXII

從身體打開能量場淨化與保護

Open the energic purification and
protection from body.

— 覺察卡 —
從身體打開能量場淨化與保護

- 視覺療癒：
  淨護自我場域的藍紫色

- 身體對應：全身七脈輪

- 心靈對應：
  個人能量場的淨化防護

- 靈性對應：個體與外界的平衡邊界

- 能量對應：能量場淨化、能量場保護、寶貝肌膚、磁波防禦、
  光子玫瑰純淨露、高頻香浴沐療粉

能量場覺察卡對應全身七脈輪

身體印記透過肉體散發專屬於個人的磁場能量，也是吸引力法則、造就個人的氣場及運勢。若對身體沒有覺察、印記沒有釋放，對周遭環境氣場的變化也會無感，個人磁場就易被外界吸附沾染、甚至侵擾，反映與內在切斷連結的兩極化：「過度理性，極不敏銳。對自己與他人經常呈現出麻木的狀態，即便氣場被干擾也毫無所感」；「過度感性，太過敏感。對自己與環境常有神經質的感知，讓個人磁場經常吸引受侵困擾的負能量」。

使用方法 I

抽到能量場的覺察卡，代表你近期正在平衡自己與他人的邊界。
帶著覺知落實身心覺察、補充對應能量場淨化保護的身心能量，
讓身體帶你看見無形能量場的狀態、是從有形身體顯化出的個人
信念。你遭遇的大環境能量或磁場運勢，都只是呼應你的身體頻
率。讓身體印記流動釋放，外圍磁場便會清理淨化；從身體療癒
內在孩子，你就不需費心設防外界的能量場。

使用方法 II

抽到能量場的覺察卡，代表你最近開始察覺到自己無形之中的人
我邊界。帶著覺知落實身心覺察、補充對應能量場淨化與保護的
身心能量，讓身體帶你看見無形能量場的界限，來自己慣有的
邊界模式，複製於你兒時對母親之間的距離感受。釋放偶爾渴望
靠近致失去邊界、又因害怕親密而過度防禦的內在孩子。隨著身
體印記流動，能消融外在空間的衝突對立，你的覺知能保持個體
中心擴散的場域潔淨。

▶ 將你的覺察記錄在「見證奇蹟紀錄本」，從身體印記走入內在
　心靈，專注在自己身上，外在場域會因你轉變，你的存在就是
　能量場的中心。

▶ 關於能量侵擾、敏感體質、人我邊界的深度自我覺察，建議搭
　配閱讀《全方位身心覺察自我療癒轉化生命全書》第三章「用
　身心覺察改變受擾的靈異體質」、「第三脈輪之皮膚系統反映
　人我邊界」。

覺察卡 XXXIII
七大脈輪串聯成彩虹光體

Chakras connect to the rainbow
form in Kundalini.

— 覺察卡 —
七大脈輪串聯成彩虹光體

- 視覺療癒：
  黑暗寂靜的深靛色

- 身體對應：全身七脈輪

- 心靈對應：
  平衡過猶不及的身體能量

- 靈性對應：照見渴望失衡自證的信念

- 能量對應：彩虹光體、彩虹揚昇

彩虹光體覺察卡對應全身七脈輪

七大脈輪有不同層次的彩光色波，當每個能量體中心平衡，會相
互串聯而上再向下回流，如此循環運作，使身心靈活化又平衡。
當身體有較多凍結印記，會使對應脈輪的彩光色波過強或過弱，
導致中軸串聯失調、使身體能量堆積厚重，將同步呈現在身體、
情緒、關係中的種種失衡。

使用方法 I

抽到彩虹光體的覺察卡，代表你近期對於自我慣性有更深的覺察。覺察自己過強及過弱的脈輪特質、帶著覺知補充對應彩虹光體的身心能量，釋放因生存恐懼而過度強化的脈輪特性、發展因創傷記憶而凍結住的脈輪能量。身體的平衡會帶來內在的平安，使你的生命自然轉化，奇蹟就在你安住身心的每一個當下。

使用方法 II

抽到彩虹光體的覺察卡，代表你最近對於自我失衡的慣性已有所觀照。覺察自己過強及過弱的脈輪特質、帶著覺知補充對應彩虹光體的身心能量，在覺察中讓身體打開封閉與停滯的身心凍結、釋放過猶不及背後的生存恐懼，讓你在身心平衡中活出整體生命的豐盛價值感。

▶ 將你的覺察記錄在「見證奇蹟紀錄本」，從身體印記走入內在心靈，讓身體智慧帶你領略平衡美好的自在生命。

覺察卡 XXXIV

基因淨化家族世代的信念

Gene purifies the faith from generation.

—— 覺察卡 ——
基因淨化家族世代的信念

- 視覺療癒：

  清澈涵融的淡綠色

- 身體對應：全身七脈輪

- 心靈對應：

  淨化家族傳承印記

- 靈性對應：揚昇祖輩意識層次

- 能量對應：基因淨化、Moor/墨、叛逆心

基因淨化覺察卡對應全身七脈輪

身體印記包含個體成員與集體家族之間的連結，家族印記就是個人命運模式的底片，當潛意識對原生家庭、血脈祖輩仍有排斥、不服、委屈感，表意識會呈現出不信、不從、不敬重的模樣；內在的否定會切割自己與命運源頭的連結，使人無法順服生命之流，使世代傳承的家族命運悄然循環、輪迴播放。

使用方法 I

抽到基因淨化的覺察卡，代表你正在經驗家族模式的重現。基因淨化覺察卡呼應你抽到的其他張奇蹟卡，其身心對應主題便是你現在適合深入的自我覺察方向。帶著覺知加強對應的身心覺察、補充基因淨化的身心能量，身體會帶領你看見外在經歷所含藏的家族複製；當我們從身體療癒自己的內在小孩，意識層次會明晰世代祖輩所承載的「待圓滿的愛」，你個人覺察醒覺就能喚醒家族集體意識、你的轉化也是世世代代的揚昇。

使用方法 II

抽到基因淨化的覺察卡，代表你近期的外在事件有著家族印的輪廓。基因淨化覺察卡呼應你抽到的其他張奇蹟卡，其身心對應主題便是你現在適合深入的自我覺察方向。帶著覺知加強對應的身心覺察、補充基因淨化的身心能量，幫助你發自內心的敬重祖輩血脈，允許自己接受來自無數祖輩們超越時空的愛與祝福，讓個體生命穩　於無限的生命之根，在每一個自我療癒中帶動家族意識的揚昇，轉化自己與家族命運的連動力。

▶ 將你的覺察記錄在「見證奇蹟紀錄本」，從身體印記走入內在心靈，讓身體帶你走向命運迴圈的中心點、看見個體人生以外的業脈，讓你敬畏當下境遇、尊重血緣傳承，生命之愛的奇蹟就在你的覺醒中開花綻放。

▶ 更多關於家族印記的深度覺察，建議搭配閱讀《全方位身心覺察自我療癒轉化生命全書》第一章「身體包含世代祖輩們的家族印記」。

覺察卡 XXXV

淨化業體信念如純淨極光

To purify the collective
consciousness as Divine Light.

— 覺察卡 —
淨化業體信念如純淨極光

- 視覺療癒：
  空生萬有的透明之光

- 身體對應：全身七脈輪

- 心靈對應：
  淨化個體意念的業體

- 靈性對應：量子場域的無限可能

- 能量對應：純淨極光、極光彩油、身心淨化

純淨極光覺察卡對應全身七脈輪

身體印記包含個人累生累世的業力印記，身體是將業種顯化成果
的載體。當我們對身體沒有覺察，就會忽視超越形相的「無」，
只執著空幻虛擬的「有」，將累世無明印記複製於命運模式中，
以業力複製業力，讓生生世世的業果持續輪迴於今生今世、無停
歇醒覺的可能。

使用方法 I

抽到純淨極光的覺察卡，代表你正在萬有的故事劇情中照見自我的空生信念。純淨極光覺察卡呼應你抽到的其他張奇蹟卡，其身心對應主題便是你現在適合深入的自我覺察方向。帶著覺知加強對應的身心覺察、補充純淨極光的身心能量，身體會帶領你看見無明意識的創造過程與起因，喚醒內心自我負責的力量，使你邊消融外在業果、邊減少內在業因。

使用方法 II

抽到純淨極光的覺察卡，代表你正從外在的結果中觀照自己的信念源頭。純淨極光覺察卡呼應你抽到的其他張奇蹟卡，其身心對應主題便是你現在適合深入的自我覺察方向。加強對應的身心覺察、補充純淨極光的身心能量，幫助你在身體覺察的過程中、看見自己的業力模式。身體連結靈性智慧，你對身體的覺察所生出的內在覺知，能帶領你了知因果、不昧因果。

▶ 將你的覺察記錄在「見證奇蹟紀錄本」，從身體印記走入內在心靈，讓身體帶領你從命運走入意念、從執念進入覺知，幫助你改變習氣慣性、在一念之間不落無明。

▶ 更多關於業力印記的深度覺察，建議搭配閱讀《全方位身心覺察自我療癒轉化生命全書》第一章「身體印記就是累生累世的業力印記」。

覺醒卡

頌化一切生命奇蹟的錦囊妙句。代表你正在轉
化重生的過程、提醒你認出已經發生的蛻變。

覺醒卡　XXXVI

大智若愚的覺醒意識

Connect the body, Awakening
with a great wisdom.

- 身體對應：全身脈輪

- 心靈對應：交托臣服

- 能量對應：全部能量

- 奇蹟對應：所有奇蹟

覺醒卡對應身心靈三位一體

覺醒卡「持續不墜，傻傻的做」是療癒煉金坊所有教學的八字箴言，提醒我們無論升起什麼樣的情緒感受念頭、想起過去的故事、現正經歷的劇情、對未來有何期待……能不被如風般虛無的小我投射阻擋、大智若愚，持續走在自我整合的道路上。

生命轉化的程度即是意識覺醒的層次，意識覺醒無分教派、萬法歸一。覺醒的修煉路徑大道至簡、卻最為不易。因身在物質世界，更易著相地向外追尋小我幻想中的境界，而不易踏實遵循身心靈的階梯、腳踏實地的面對自己。身心覺察的習練平凡無奇，然而生命的轉化來自日常的積累、偉大的境界始於平凡的累積。從身體連結進入內在心靈，能讓人身處世界而不屬世界，開展本有的靈性智慧。

使用方法 I

抽到覺醒卡，代表你發現自己的本質非表相呈現的面向。你的內在心靈已經甦醒，你的生命潛能無窮無盡，你的頭腦不需要時刻知道、也不需追求特殊的證明，只需持續落實身心覺察、與身體連結，每當你有超越條件的感覺感恩、得到多與少皆能感到滿足、外在好與不好都能心懷平安……這就是靈性開展的奇蹟顯化。

使用方法 II

抽到覺醒卡，代表你正在轉化突破的過程中，也許你有遲疑、抗拒、或自我懷疑，請靜下心來閱讀覺醒卡的牌義，落實抽到其他奇蹟卡所對應的身心覺察方向。只有願心能超越業力、讓生命擁有宿命以外的可能。當你的願力大於業力，你毋須證明自己，也不必追逐更偉大的外在展現，只要持續不墜在平凡的生活中反覆練習身體覺察，無論有感無感、知或不知、喜不喜歡都傻傻的做，身體會帶領你破繭成蝶。

▶ 將你的覺察記錄在「見證奇蹟紀錄本」，從身體印記走入內在心靈，明白所謂轉化不需要看起來神聖又偉大，因為你的存在已經神聖又偉大。用八字真言落實身心覺察，以大智若愚的心帶領自己意識覺醒。

身心覺察 · 自我療癒 · 轉化生命奇蹟卡

36 個指引覺察、覺知、覺醒的靈性線索，啟動身心靈蛻變的療癒能量，讓你從裡到外轉化生命、見證奇蹟！

牌 卡 作 者／趙采榛
聯 合 監 製／李蓉
美 術 編 輯／申朗創意

總 編 輯／賈俊國
副 總 編 輯／蘇士尹
編 輯／高懿萩
行 銷 企 畫／張莉滎 · 黃欣 · 蕭羽猜

發 行 人／何飛鵬
法 律 顧 問／元禾法律事務所王子文律師
出 版／布克文化出版事業部
　　　　　　台北市中山區民生東路二段 141 號 8 樓
　　　　　　電話：(02)2500-7008　傳真：(02)2502-7676
　　　　　　Email：sbooker.service@cite.com.tw
發 行／英屬蓋曼群島商家庭傳媒股份有限公司城邦分公司
　　　　　　台北市中山區民生東路二段 141 號 2 樓
　　　　　　書虫客服服務專線：(02)2500-7718；2500-7719
　　　　　　24 小時傳真專線：(02)2500-1990；2500-1991
　　　　　　劃撥帳號：19863813；戶名：書虫股份有限公司
　　　　　　讀者服務信箱：service@readingclub.com.tw
香港發行所／城邦（香港）出版集團有限公司
　　　　　　香港灣仔駱克道 193 號東超商業中心 1 樓
　　　　　　電話：+852-2508-6231　　傳真：+852-2578-9337
　　　　　　Email：hkcite@biznetvigator.com
馬新發行所／城邦（馬新）出版集團 Cité (M) Sdn. Bhd.
　　　　　　41, Jalan Radin Anum, Bandar Baru Sri Petaling,
　　　　　　57000 Kuala Lumpur, Malaysia
　　　　　　電話：+603- 9057-8822　　傳真：+603- 9057-6622
　　　　　　Email：cite@cite.com.my
印 刷／卡樂彩色製版印刷有限公司
初 版／2023 年 5 月
售 價／2380 元
I S B N／978-626-7256-79-4

城邦讀書花園　布克文化
www.cite.com.tw　WWW.SBOOKER.COM.TW